KB206157

설교가 뭐길래?

What's the Sermon?

설교가 뭐길래?

발행일 _ 1판 1쇄 2020년 4월 15일
발행인 _ 김진호
지은이 _ 이강천
편집인 _ 송우진
책임편집 _ 전영욱
기획/편집 _ 강영아 장주한
디자인/일러스트 _ 권미경 하수진 최동호
홍보/마케팅 _ 이우섭
행정지원 _ 조미정 이상욱 김효진

펴낸곳 _ 도서출판 사랑마루
서울시 강남구 테헤란로64길 17(대치동)

대표전화 TEL (02) 3459-1051~2/ FAX (02) 3459-1070
홈페이지 http://www.eholynet.org, http://www.ibcm.kr
등록 2011년 1월 17일 등록번호/ 제2011-000013호
ISBN 979-11-90459-03-7 03230
가격 13,000원

설교가 뭐길래?

What's the Sermon?

이강천 지음

사랑마루
SARANGMARU

추천의 말씀 하나.

책은 그 표지로 판단하지 말라는 격언이 있습니다. 거기에 한 가지 사항을 더 추가한다면, 책은 그 분량으로 판단하지 말아야 한다는 것을 말하고 싶습니다. 이강천 목사님의 책 "설교가 뭐 길래?"는 한 분야를 통달한 대가의 작품답습니다. 이 책에는 그 핵심 내용이 간략하게 정리되어 있을 뿐 아니라, 누구나 쉽게 알아들을 수 있는 문답식 서술방식이 사용되어 전개되고 있습니다. 이는 진리를 밝히는 방식 중, 인류의 오랜 방법으로서 소크라테스부터 웨스트민스터 교리문답서에 이르기까지 채택되어 온 서술방식에 해당됩니다.

이강천 목사님은 "설교가 뭐 길래?"를 문답식 방법을 사용하여 쉽고 구체적인 내용을 감동적으로 기록했습니다! 이 목사님은 설교가 무엇인지 잘 아는 분인 동시에, 그것을 어떻게 설명하면 목회자들이 알아들을 것인지에 대해 잘 알고 계신 분입니다. 그러므로 저는 설교를 배우고 싶고, 설교다운 설교를 하길 소원하는 목회자들에게 서슴지 않고 "설교가 뭐 길래?"를 추천합니다. 이런 좋은 책을 추천할 수 있다는 것은 제게 주어진 자랑이요, 영광입니다.

정근두 목사/울산교회 담임/신학 박사

추천의 말씀 둘.

설교를 정의하는 것은 신학적 입장에 따라 차이가 있지만, 대체로 '하나님 말씀의 증언, 대언'이라는 이해에는 큰 이견이 없습니다. 설교학에서는 이러한 설교함의 성경적 근거로서, "보라 내가 내 말을 네 입에 두었노라"(렘 1:9)와 "너희 말을 듣는 자는 곧 내 말을 듣는 것이요 너희를 저버리는 자는 곧 나를 저버리는 것이요"(눅 10:16)와 같은 두 구절을 듭니다.

설교의 역사를 잘 살펴보면, 이러한 설교이해와 그 근거가 되는 성경 내용은 설교자의 권위와 설교함의 정당성을 주장하는 데에 즐겨 사용되어져 왔습니다. 또 하나님 말씀의 증언이라는 내용도 기록된 계시의 말씀인 성경중심의 설교를 강조하는 것에 주안점이 놓여졌습니다. 이런 경향은 종교개혁의 슬로건인 "하나님 말씀의 설교는 하나님 말씀이다(praedicatio verbi Dei est verbum Dei)"라는 명제에 기인하여 개신교 설교의 큰 흐름으로 자리 잡았습니다. 물론 성경을 떠난 중세 설교를 고려하면, 이러한 성경적 설교로의 회귀는 매우 큰 의미가 있는 것이 사실입니다.

하지만 동시에, 바로 이점이 개신교 설교의 약점이기도 합니다. 즉, 기록된 계시의 말씀인 성경에 주목한다는 의미가 성경에 대한 해설이나 해석, 혹은 주석의 차원에 머물고 성경본문으로부터 파악한 의미를 회중에게 전하는 것이 되어버렸다는 것입니다.

예레미야서를 보면, 예레미야의 예언은 하나같이 여호와가 예레미야에게 말씀하신 것, 여호와의 말씀이 예레미야에게 임한 것입니다. 즉, 그는 여호와께 들은 것을 전했던 것입니다. 진정한 의미의 설교는 기록된 계시의 말씀을 통해 오늘 우리에게 말씀하시는 하나님의 말씀을 듣고 그것을 전하는 것입니다.

하지만 오늘날 설교현장에서 과연 이런 설교가 얼마나 되겠습니까? 대부분의 설교자들이 학문적 관심으로 연구된 주석책에 의존하거나, 인터넷에서 자료를 따와 하나의 주제를 중심으로 논리적인 내용을 배열해 놓은 것을 설교로 사용하고 있습니다. 이와 같은 설교 내용에 '지금 여기서' 말씀하시는 하나님의 말씀이 있습니까? 더욱이 인공지능이 설교를 만드는 현실이 도래하면서 설교의 정체성은 심각한 도전 앞에 직면해 있습니다.

이러한 위기 상황에서 이강천 목사님이 펴내신 "설교가 뭐길래?"라는 저서는 설교에 대한 근본적인 고민을 일깨우는 '중대한 도전'이라 할 수 있습니다. 이 책에서 이강천 목사님은 오늘의 설교가 안고 있는 심각한 문제를 지적합니다. 즉, 대부분의 설교에서 영성이 사라지고 지성적 설교로 전락했고, 과거의 텍스트에는 충실했으나, 살아계신 하나님의 현재적 메시지를 갖지 못하고 있다는 것입니다. 나아가 이강천 목사님은 오늘의 설교가 단순히 가르치는 행위, 혹은 성경 해설차원으로 전락하고 강단에서 복음이 아닌 윤리와 도덕을 전하는 현실을 개탄합니다.

이러한 문제에 대한 대안으로써, 이강천 목사님은 본문을 통하여 말씀하시는 하나님의 메시지를 듣고 선포해야 함을 강조하고 계시며, 설교를 "살아 계신 하나님의 메시지를 받아 전함으로써 살아계신 하나님과 회중 성도들이 만나게 하는"사역이라고 정의합니다. 나아가 이 목사님은 이와 같은 설교에 대하여 "하나님께 듣고, 들은 것을 전하라"는 의미를 가진 '에바다의 원리'와 "하나님께 듣지 않고 설교하는 것은 거짓 예언에 속할 수 있다"는 의미를 가진 '예언자의 원리'를 각각 명명하여 제시합니다. 그러면서 이강천 목사님은 하나님의 음성을 듣는 구체적인 방법으로써 묵상과 기도를 추천합니다.

이 책이 현장의 설교자들에게 주는 구체적인 유익은, 자칫 묵상과 기도를 통한 '들음'이 설교자의 주관에 방치될 수 있는 위험성에 대해 안전장치를 제공하고 있다는 점입니다. 오랜 기간 신학교수로서 활동한 분이셨던 이강천 목사님은 성경에 대한 통독–정독–개관적 연구작업–연구물을 놓고 기도와 묵상을 통해 하나님의 현재적 음성을 들음이라는 설교준비의 단계를 제시합니다. 그리고, 이를 통해 지성적 작업과 영성적 작업의 조화를 강조합니다. 이와 같은 합리적이고 체계적인 설교준비에 대해 이강천 목사님은 룻기를 소재로 책의 상당 부분을 할애하여 설명함으로써 설교자들의 이해를 돕고 있습니다.

또한, 이 책에서 제공되고 있는 강해설교 및 주제설교에 대한 자세한 설명과 목회현장을 위한 구체적인 조언은 현장 목회자들의 바람직한 설교를 위한 좋은 항도입니다. 무엇보다도 은혜와 축복이라는 복음의 원리에 기반한 '복음적 설교', 말씀이 내 안에 살아움직이는 경험을 기대하며 설교단에 오르기까지 기도하는 '성령으로 설교하기'는 현대 설교자들에게 큰 울림으로 다가섭니다.

나의 신학생 시절에 기독교 윤리학을 가르치셨던 이강천 목사님의 영향아래 신학생들은 '선교를 위한 소박한 삶'(Simple Life for the Mission)이라는 동아리를 만들어 매일 점심식권을 선교비로 드리며 점심을 굶은 채 기도모임을 하기도 했는데, 나도 그 중의 한 사람이었습니다. 병약한 몸을 이끌고 목회현장에서 복음을 위해 애쓰시던 이강천 목사님은 항상 신학생들의 자랑스러운 스승이셨습니다. 특별히 학교와 목회를 떠나 바나바 훈련원을 개척하시고, 20여년 동안 목회자들을 훈련시키시면서 온전히 성령에 사로잡혀 말씀과 기도에 전념하시는 모습은 모든 후학들의 귀감 그 자체였습니다.

나는 이강천 목사님의 제자입니다. 제자가 스승을 추천하는 것은 넌센스입니다. 그럼에도 이런 결례를 감수하는 것은 목사님의 복음적 삶과 설교에 대한 가르침이 오늘날 복음을 책임져야 하는 사역자들에게 너무 절실하기 때문입니다. 나는 설교학자로서 학생들에게 '사건으로서의 설교'(Predigt als Ereignis)를 강조해 왔습니다. 이 명제는 여러 설명이 필요하지만, 이강천 목사님의 설교현장에서 발생한 신비한 치유사례

들은 설교가 사건이요, 능력임을 웅변하는 것입니다. 이것만으로도 설교의 무거운 짐에 허덕이는 설교자들에게는 신선한 희망과 도전이 아닐 수 없습니다.

정인교 교수/ 서울신학대학교 설교대학원장/신학박사

추천의 말씀 셋.

"설교가 뭐 길래?"의 저자이신 이강천 목사님께서 현직에 계실 때는 "연약한 증인의 사명"을 감당하시느라 언제나 힘이 부치셨습니다. 그래서 설교나 강의를 마치신 후에는 급히 숙소에서 휴식을 취하시곤 했습니다. 하나님은 연약한 이강천 목사님을 '보리피리'로 삼아 생명을 살리는 연주를 하셨고, 지금도 그 연주를 듣고 많은 사역자들이 살아나서 한국교회를 비롯하여 열방과 세계를 복되게 하고 있습니다.

지난 2013년 현직에서 은퇴하신 이강천 목사님께서는 오히려 "연약한 증인의 사명"을 마치시고 난 뒤, 완전히 건강이 회복되셔서 더 큰 세계적 비전과 사명을 세우는 사역을 하셨습니다. 그러시던 중, 이강천 목사님은 지난 해 홀연히 스스로 설교 및 집회를 내려 놓으셨습니다. 그것은 마치 여전히 대중의 인기가 있는데도 은막을 떠나는 배우의 행동과도 같았습니다. "설교는 영감, 사명감, 열정으로 하는 것인데, 너는 관록으로 하고 있다."라는 주님의 음성을 듣고 그는 설교를 내려놓은 것입니다.

아이러니 하게도 스스로 설교를 거두신 분이 "설교가 뭐 길래?"란 글을 우리 앞에 내 놓으셨습니다. "설교가 뭐 길래?" 라는 책을 통해 저에게는 가나안 입성을 앞두고 느보산에 오른 모세의 그림이 그려집니다. 주님께서는 이강천 목사님에게서 설교자의 자리를 거두어 가셨습니다. 그러나 이강천 목사님은 느보산에 오른 모세처럼, 오늘날 한국 교회를 위해 필요한 여호수아와 갈렙이 세워지기를 바라는 소원을 본 글에 담으셨습니다.

이강천 목사님께서 은퇴하신 이후에 "설교가 뭐 길래"라는 글을 남기시는 것은 의미하는 바가 큽니다. 사람은 누구나 실존적 존재인데, 특히 자기를 떠나 밖에서 바라보는 세계가 그러할 것입니다. 은퇴 이후, 이강천 목사님께서 한국교회의 목회자들을 바라보았을 때 아마도 설교에 대한 아쉬움을 보셨던 것 같습니다. 그래서 사랑하는 제자와 후배들에게 나누어 주고 싶으셨던 것은 설교의 세계일 것이라 생각됩니다.

이강천 목사님께서는 현직에 계실 때 "예배갱신" 강의 중에 "설교자 이전에 예배자가 되라." 말씀하셨고, "설교의 일차적인 청중은 설교자 자신이다."라고 하셨습니다. 그렇기에 "설교가 뭐 길래?"는 설교자들에게 그 동안 잘 해 왔지만, 좀 더 잘할 수 있는 기회가 될 것입니다. 우리는 이 책을 읽으며 다시 도전해야 합니다. 그것은 설교자의 영성 라이프스타일입니다. 특히, 이강천 목사님은 우리에게 "오전 서재 지키기"를 가르쳐 주셨습니다. 우리는 이 책에서 "오전 서재 지키기"를 "어떻게"할 것인지를 볼 수 있습니다. 본 책을 통해 이강천 목사님께서 그 모본을 우리에게 보여주신 것입니다.

저는 이 글을 읽으며 마음에 와 닿는 것이 있었습니다. 이강천 목사님은 "한국교회 목사들은 답을 불러줘야 배운 것으로 안다니까!"하시며 안타까워하셨습니다. 그러시면서 어쩔 수 없이 슬며시 우리에게 답을 받아 적게 하셨습니다. 본 글을 읽어 보시면, 저자의 따뜻한 마음과 사랑이 마음으로 젖어오는 것을 느끼실 수 있을 것입니다. 부디 본 글을 숙독함을 통해 설교자의 터져 나오는 메시지로 말미암아 예배가 기다려지게 되고, 동시에 회중은 하나님의 음성 듣기를 사모하게 되어 각 교회에 큰 부흥이 일어나게 되기를 기원합니다.

김정호 목사/바나바훈련원 원장

추천의 말씀 넷.

내가 이강천 목사님을 처음으로 알게 된 것은 지금으로부터 30년 전인 1989년 가을, 서울신학대학교에서 전도폭발 훈련을 받을 때였습니다. 그 분은 윤리학 교수로서 전도폭발 훈련의 강사셨고, 나는 서울신학대학교 전도폭발 1기의 훈련생이었습니다. 한 번은 이 목사님을 따라 부천역 앞으로 노방 전도를 나갔습니다. 의자에 앉아 있는 젊은이에게로 다가가신 목사님은 몇 마디 대화를 나누시면서 복음을 전하셨고, 그 청년은 앉은 자리에서 예수님을 영접하는 결신기도를 따라 하는 것이었습니다.

충격이었습니다. 두 가지로 놀랐습니다. 하나는 교수님께서 전도 현장에 직접 나가셔서 복음을 전하신 것~, 그것도 작은 체구에서 뿜어 나오는 우렁찬 목소리로 담대하게 전하셨습니다. 그리고 또 하나 놀란 것은 복음의 능력이었습니다. 신학생이었던 내게 그 사건은 엄청난 충격이 되었고, '이강천'이라는 분을 진정한 스승으로 모시는 계기가 되었습니다. 그 이후로도 저는 바나바 훈련원에서 목사님으로부터 가르침을 받은 것을 이어갔고, 지금은 그 분이 세운 바나바 훈련원의 이사가 되어서 미력하지만 함께 비전을 나누고 있습니다. 내가 본 이강천 목사님은 삶으로 성경을 실천하는 분이시고, 삶의 고백이 설교가 되시는 진정한 지성과 영성을 가지신 우리 교계의 보배이십니다.

추천서를 부탁 받은 뒤, 두 시간 만에 책을 다 읽었습니다. 읽는 내내 다음 내용이 궁금해서 책을 내려놓을 수가 없었습니다. 그러나 책을 읽는 내내 마음이 아팠습니다. 바늘이 내 영혼의 상태를 콕콕 찌르는 것만 같은 고통이 느껴졌습니다. 어쩌면 그것은 나의 문제와 고뇌에 대한 것이며, 나를 향한 가르침이었기에 찔림과 아픔으로 느껴졌습니다. "설교가 뭐 길래?"라는 책을 읽으면서 저에게 몇 가지 도전이 된 내용이 있었습니다. 첫째, 나 자신의 실체를 점검하는 계기가 되었습니다. 설교에 영감도 없고, 사명감도 없고, 열정도 없는 모습이 내 모습이었습니다. 목사님의 말씀대로 그동안 나는 관록으로 설교를 해오고 있었던 것입니다. 둘째, 생명을 살리지 못하는 설교의 한계에 대하여 답을 얻은 것입니다. 나는 인천에서 교회를 개척하였으며, 같은 교회에서 22년을 목회하다 2년 전 홍성교회로부터 청빙을 받아 내려오게 되었습니다. 같은 교회에서 20년 이상 장기목회를 할 때에도 제일 힘들었던 것은 설교였습니다. 그리고 전통이 있는 교회로 부임해 와서도 청중들에 대한 이해의 부족으로 인해 설교가 가장 힘들게 느껴집니다. 셋째, 기본을 놓치고 있었다는 것을 깨닫게 되었습니다. 설교는 단순한 지식 전달이 아닌, 현재에 대해 말씀하시는 하나님의 메시지를 전달하는 일이기에 주님의 음성을 듣는 법에 대한 지속적인 묵상과 기도가 선행되어야 함을 배웠습니다.

설교는 내가 좋아하는 요리를 일방적으로 만들어서 청중에게 먹으라고 던져 주는 것이 아니라, 하나님의 뜻이 성도들의 삶을 통해 어떻게 나타나는 가에 대한 것임을 알게 되었습니다. 또한, 설교의 내용이 아무리 좋아 보여도 기도로 농축되지 않은 설교는 울림이 적다는 것을 배웠으며, 내 설교에 하나님의 치유와 회복, 성도가 살아나는 흔적들이 보이고 있는가에 대해서도 도전이 되었습니다.

이강천 목사님은 늘 연약해 보이셨지만, 그럼에도 불구하고 그분의 가르침과 설교에는 언제나 야성이 묻어있었고, 동시에 마음을 울리는 울림이 있었습니다. 이 목사님께서는 교수님으로서, 목회자로서, 그리고 영성훈련의 리더로서 멋지게 쓰임 받으셨고, 삶으로써 설교하셨으며, 또한, 멋지게 은퇴하신 스승님이셨습니다. 어찌 보잘 것 없는 제자가 스승님을 평가할 수 있겠습니까? 그러나 저는 그분의 삶을 보았기에, 그리고 지금도 여전히 삶을 통해 사도행전 29장을 써 내려가시는 목사님을 바라보면서 존경하는 마음으로 고백해 봅니다. 목사님께서 우리 곁에 계셔서 배우고 닮아갈 스승으로 남아 주신 것에 그저 고맙고 감사할 따름입니다. 그러한 분께 배울 수 있는 기회를 가진 저는 행운아입니다.

이춘오 목사/홍성교회 담임

추천의 말씀
다섯.

이강천 목사님은 존경하는 스승님이시고, 진정한 목회의 모범이십니다. 특별히 제가 목회의 위기를 경험할 때, 하나님께서는 목사님을 통해 새 힘을 주셨고, 갈 길을 인도해 주셨습니다. 그러셨던 스승님께서 책을 쓰셨는데, 저에게 추천사를 써달라고 요청이 왔습니다. 그것도 설교에 대한 책입니다. 제 입장에서는 있을 수 없는 일이 생긴 것입니다. 하지만 저는 평소에 이강천 목사님을 스승으로 모시고, 그 분의 권위 하에 있기로 결단했습니다. 그래서 목사님의 말씀에 일단 순종하기로 마음을 정했던 터라 고민하면서도 순종하기로 했습니다.

먼저, 귀한 책을 써 주신 스승님께 감사드립니다. 책의 원고를 전달받은 저는 그 날로 모든 내용을 다 읽어버렸습니다. 그리고 그 은혜의 감동을 떠올리며 주일설교를 했습니다. 이 책은 제 자신을 돌아보게 하며, 삶의 방향을 점검케 해 주는 책이었습니다. 저는 가끔 길을 걸어 가면서, 특별히 초행길을 갈 때는 내가 가는 길이 맞나 확신이 서지 않을 때가 있습니다. 그럴 때 확신이 없으면 그 길을 계속 가기가 어렵습니다. 설교를 하면서도 내가 하는 이 설교가 맞나? 스스로 의구심이 들 때가 있었습니다. 그런데 이 책에 수록된 목사님의 솔직한 나눔의 말씀은 나에게 의지할 언덕이 되었습니다. 이 책은 내가 가는 길이 맞는지에 대해 점검도 해보고, 방향성도 점검해 보게 해주는 그런 책이었습니다.

저는 이제 선후배 목회자님들 사이에 서 있는 목회자가 되었습니다. 다른 것은 몰라도 이 책을 꼭 후배 목회자님들께 권하고 싶습니다. 이 책에서 제시하고 있는 내용을 가지고 고민하고 훈련해 가신다면, 틀림없이 훌륭한 설교자가 되실 것을 확신합니다. 이 책에 실려 있는 내용은 학교가 아닌 현장에서 경험한 것을 가르쳐 주는 선배의 조언이므로, 학교에서 미처 배우지 못한 것을 우리에게 배우게 해 줍니다. 그러므로 후배 목회자님들께는 이 책의 내용을 기준 삼아 자신을 갈고 닦을 것을 권해 봅니다. 책의 뒷 부분에는 실제적인 훈련 가이드가 있어 더욱 유익합니다.

은퇴 후에도 더욱 왕성하게 하나님께 쓰임 받으시고, 설교와 강연을 내려놓으라는 하나님 말씀에 순종하시면서 또 새로운 사명을 찾아 왕성하게 집필활동을 하시는 이강천 목사님께 다시금 존경과 감사의 인사를 드립니다. 이 책을 통해 목사님께서 또 다른 사역의 길라잡이가 되어 주시니 감사합니다. 목사님 사랑합니다. 목사님의 건강과 아름다운 은퇴 후의 삶을 기도합니다. 이 책이 한국교회의 부흥과 하나님 나라의 확장에 큰 축복의 통로가 되기를 기도합니다.

고성래 목사/부여중앙교회 담임

인사의 글

저는 목사로서의 모든 공직에서 은퇴하였을 뿐 아니라, 모든 설교사역에서 은퇴하였습니다. 그런데 저를 무던히도 아끼며 섬기는, 저를 아버지로 부르기도 하고 용돈까지 주면서 섬기는 친 아들 나이 뻘 되는 후배 목사가 있습니다. 그는 지방도시에서 작은 개척교회 목회를 하고 있습니다. 나는 그의 설교를 한 번도 듣지 못했습니다. 그런데 내 마음 속에 그 아들이 "설교는 제대로 하고 있는 목사일까?"하는 노파심이 생겼습니다. 그래서 다짜고짜 설교를 진지하게 하라고 도전하면서 설교에 대한 토론도 하고 나의 경험담도 들려주고 하였습니다.

그리고 이에 대한 것을 글로 적어 그에게 읽게 하였습니다.

그러나, 그를 혼자 앉혀 놓고 이야기 하려니 좀 민망하기도 해서 그의 친구들 몇 명을 모아 보라고 하여 서너 차례 설교 이야기를 나누어 보면서 진지한 설교자로 쓰임 받으라고 권하였습니다. 그리고 몇 날이 지나갔는데, 기왕에 정리한 경험담을 많은 후배들이 참고함으로서 목회현장의 축복이 될 수 있도록 좀 보완하여 책으로 내어 놓으라는 감동을 받았습니다. 그래서 이번 기회에 글을 조금 다듬은 뒤, 책을 냅니다. 이는 전형적인 연구서나 학문적 작업이 아닙니다. 다만 설교를 다 내려놓고 나서 깨닫는 노파심을 후배들에게 들려주고 싶은 마음뿐입니다. 한국교회가 조금이라도 활력을 찾으려면 강단이 살아나야 한다는 조바심을 말하고 있을 뿐입니다. 그래서 아주 작은 분량이기도 하지만, 이를 통해 많은 설교자들의 가슴에 하나님의 말씀으로 인한 불꽃이 일어나기를 기도합니다.

귀한 추천의 말씀을 해주신 정근두 목사님, 정인교 교수님, 김정호 원장님, 이춘오 목사님, 고성래 목사님께 진심으로 감사드립니다. 또한 책의 편집과 출판을 맡아서 진행해 준 사랑마루 출판사의 관계자들과 교육국장 송우진 목사님께도 감사를 드립니다. 아무쪼록 이 책이 한국교회와 목회자들에게 선한 영향력으로 나타나기를 소원하며 기도합니다.

저자 이강천 목사

차례

What's the Sermon?

1장
설교 그만해라

설교
그만해라

"선배님, 이제 선교지도 안 나가시고 부흥회도 안 나가신다면서요?"

"집회만 안 나가는 게 아니라, 설교 사역 일체를 접었다네"

"아니 왜요? 그럼 뭘 해요?"

"사람 참 이 봐, 은퇴라는 것은 일을 내려놓는 게 아닌가? 그런데 나는 은퇴 후에도 만 5년간 정말 쉴 새 없이 선교지에 가서 수련회나 목회자 세미나를 인도하고 들어오면, 국내 부흥 집회 등으로 현직에 있을 때보다 더 바쁜 일정을 보내왔지 않은가?"

"그렇지요. 사실 선배님이 은퇴 후에도 그렇게 왕성하게 활동하시면서 쓰임 받고 계신다는 사실에 저와 후배들은 큰 도전을 받게 되었거든요. 그런데 목사님께서 사역을 그만두게 되셨다는 이야기를 전해 듣고 서운하기도 하면서 '왜일까?' 하는 궁금증이 후배들에게 생긴 겁니다. 지금도 목사님께 집회에 와주시라는 요청이 계속 들어오는 것 아닙니까?"

"있지! 해외에서도 요청이 들어오고 있고 국내서도 설교해 달라는 요청이 있지. 지금은 내가 요청이 있어도 집회를 안 나간다는 소문이 어느 정도 알려져서 그렇지! 설교사역을 내려놓은 지 얼마 안됐을 때는 요청을 사양하는 게 쉽지 않은 과제였어. 그런데 요즘은 뜸해지고 있지. 내가 안 간다는 소문이 이제 많이 알려진 것 같아"

"다른 분들은 설교강단에 불러 달라고 간청하는 경우도 있던데, 설교를 해주시라 해도 안 한다는 것은 들어본 적이 없는 이야기인데요?"

"남아프리카 공화국에서 선교하는 한 선교사는 그렇게 말하더군. '기독교 2천년 역사에 설교를 해 달라고 하는데 안 한다는 목사가 있다는 말은 들어 본 적이 없다.'라고. 더구나 '하나님이 설교를 그만두라고 했다는 이야기는 역사에도 없는 이야기'라고 하면서 나를 이해할 수 없다고 하더라고."

"하나님이 설교를 하지 말랬다고요? 그래서 선배님께서 설교를 안 하시는 거예요?"

"응, 그랬어"

"하나님이 선배님께 설교를 그만두라 하셨다는 것입니까? 도저히 이해 할 수가 없군요!"

"아니 나를 이해해 줄만한 자네까지 이해할 수 없다고 하면, 나는 어떻게 하나? 설교를 안하게 된 것도 사실은 서운한데, 이렇게 이해해 주는 사람 없으면 나는 외롭다네"

"아니, 이해할 걸 이해하라고 해야지요. 주님께서 목사님께 설교를 왜 하지 말라고 하시던가요?"

"하나님이 내 설교를 듣기 힘들다고 하시더라고."

"아니, 설교를 하나님 들으시라고 하는 것인가요? 사람들 들으라고 하는 것이지. 하나님께서 왜 듣기 힘들다고 하세요?"

"내가 설교를 잘 못한다는 말씀 아니겠어?"

"그러니까요. 하나님께서 목사님께 뭐가 잘못되었다고 말씀하시더란 말입니까."

"영감이 없고, 사명감도 없고, 열정도 없다는 것이야. 그리고 설교를 관록으로 하고 있다고 지적하시더라고"

"아니 영감이야, 하나님께서 주시는 것이 아닌가요? 영감이 없는 것은 하나님께서 안 주셔서 없는 것일 텐데, 왜 그걸 책망하셔요?"

"물론 영감은 하나님께서 주셔야 하지만, 설교자가 열심히 기도해야 받지."

"그리고 선배님의 설교에는 열정이 있는데요. 사명감에 불타는 열정 말입니다. 물론 영감이 있고, 가슴을 흔드는 감동도 있습니다."

"아마 그 점은 임 목사가 나 듣기 좋으라고 하는 아첨의 말만은 아닐 것이야. 나도 설교하면서 불타는 열정을 스스로 느끼고, 스스로도 영적 감동이 있었으니까! 그리고 그것이 은퇴 후에도 각처에서 날 설교자로 부르는 요인이었을 것이야. 그런데 내가 설교를 내려놓기 한 1년 쯤, 전부터 나 스스로도 느끼기 시작 했어"

"뭘요?"

"내 설교에 점점 영감이 줄고 있구나. 하는 느낌"

"그런 느낌이 와요? 아니 그렇다면 금식을 하거나, 철야를 하거나, 특별 기도의 시간을 갖고 영감을 회복시켜 충만하게 해 달라고 주님께 매달려야지요!"

"임 목사 고맙네. 자네는 그렇게 해서 영감이 쇠하지 않는 설교자가 되게나. 그런데 나는 이것이 늙어가는 증상인 모양이야. 나는 이렇게 생각이 가는 거야. '내 설교에 영감이 쇠하여 가는구나. 내가 설교를 내려놓을 때가 가까이 오는 모양이구나. 늙어가는 것을 수용하는 것도 믿음이지'라고. 금식해서

라도 영감을 더 받아서 설교해야지 하는 열정이 안 일어나는 거야. 그것이 젊었을 때와 다르더군. 그래서 점점 설교가 어려워지고, 설교하고 나면 감격 대신 불편함이 있더란 말일세."

"저도 늙어 가면 이해하게 될지도 모르지만요. 안타깝네요."

"그래서 설교를 내려놓기 한 1년 전에 내 아내와 상의를 했었지."

"무슨 상의를 해요?"

"내가 설교를 하고 나면 예전처럼 감격이 없고, 마음에 불편함이 있고, 이렇게 설교를 계속하다가는 거짓 설교자, 거짓 예언자가 되는 것은 아닐지 두려움이 있는데 어떻게 하면 좋겠느냐하고 물었지?"

"그래서 사모님께서 뭐라고 하시던가요?"

"당신 설교에 영감이 없고 의미가 없으면 듣는 사람들이 먼저 알아. 그리고 당신 설교가 가치 없게 되면 당신을 부르지 않게 돼. 당신을 설교자로 초청한다는 것은 아직은 당신 설교를 통해 하나님께서 은혜를 주신다는 것이야. 앞으로는 부르는 데가 없어 자연히 설교를 그만두게 될 것이고, 그 때까지는 겸손하게 최선을 다 하세요. 괜히 오라고 하는데도 무슨 특별한 사람처럼 안 간다고 하지 마세요. 그것도 교만일 테니까."

"이렇게 충고 하더군."

"와! 사모님께서 명언을 하셨네요. 그렇지요. 그런데 설교를 왜 그만두신다는 거예요? 그러니까 이해가 안 가지요?"

"맞아, 그래서 나도 겸손하게 오라는 대로 국내외를 다니며 집회를 하고 설교를 하러 다녔다네. 그런데 그 후로도 한 반년 동안 성령께서 '나를 붙들어 주지 않는구나!'하는 느낌이 계속되면서 이게 아닌데... 하는 생각을 지울 수가 없었다네."

"그래서 그만두시기로 한 것이에요?"

"지난 2017년 11월인가? 한 청년 남녀의 결혼 주례를 맡게 되었지. 그런데 그 결혼 주례를 하는 동안 커다란 실수를 하게 되었어"

"결혼 주례에서 실수를요? 무슨 실수인데요?"

"결혼식을 진행하고 있는데 한참을 하다 보니까 기본적인 일, 신랑 신부를 입장시키지도 않고 순서를 진행하고 있더라고."

"신랑 신부 없이 결혼식을 진행했다고요! 어떻게 그런 일이 생길 수 있어요?"

"글쎄, 있을 수 없는 일이 발생한 거야."

"신랑신부는 물론 하객들까지 황당했겠네요?"

"얼마나 황당했겠나!"

"아니 그게 실화란 말이에요? 신랑신부가 없다는 것을 언제 알아챘고 어떻게 수습했나요?"

"다같이 찬송하고 기도드릴 시간인데, 기도자가 강단에 올라 마이크 앞으로 갈 때. 내가 뒷걸음치다가 앞에 있어야 할 신랑신부가 앞에 없다는 것을 알아차렸지."

"얼마나 당황되셨을까?"

"황당하고 참담했지. 그러나 당황스러운 모습으로 수습할 수 없다고 생각하고 침착함을 유지하려 애썼지. 기도 인도자가 기도를 마치고 내려간 후, 내가 다시 단 앞에 나오면서 말했어."

"여러분 당황하셨지요? 저도 당황스러운데 제가 늙었나 봅니다. 신랑 신부를 입장도 안 시켜 놓고 예식을 진행시켰네요. 널리 용서하고 양해해 주시기를 바랍니다. 이제 신랑 입장하겠습니다. 그렇게 말하면서 진행하였지. 그런데 그 순간 내가 상당히 침착해지면서 아주 부드럽고 은혜롭게 결혼식을 진행하게 되었고 잘 마치게 되었지."

"후유! 은혜롭게 잘 마치셨다니 다행이네요. 수습은 잘하신 모양인데, 정말 실화라고 생각할 수 없는 황당한 사건인 것 같네요. 선배님 그 후로 후유증은 없으셨나요?"

"그날 밤 기도실에 들어가 기도하면서 하나님께 이러한 사건을 보고만 계셨던 이유를 여쭙고 기도하는데 주님의 영감으로 말씀 하시는 것을 듣게 되었어. '네가 설교하면서 영감이 없고 열정이 없음을 알고 괴로워했지! 사실, 넌 지금 관록으로 설교하고 있어. 이제 설교를 내려놓고 그만하거라. 나도 네 설교를 들어주기가 불편하다.' 그러시는 것이었다네. 그러나 이게 내가 잘못 알아들을 수도 있으니까 며칠을 두고 확인 질문

영감도 없고, 사명감도 없고, 열정도 없는
설교는 그만해라!

을 하면서 기도했는데, 내 사역은 끝난 것이 확실하더라고. '네가 나의 나라를 혼자 다 이루는 것도 아니고, 이제 하나님 나라 사역은 후배들에게 맡기고 너는 아무 짐도 질 것 없이 쉬다가 오너라. 그 동안 연약한 증인의 사명을 행하느라고 수고했다.' 그러시더라고."

"우와, 충격이네요! 하나님도 듣기가 불편하셨다구요? 설교에 대한 생각을 다시 다잡아야 하겠는데요? 내가 그 동안 설교를 너무 가볍게 생각했던 것 같아요 선배님. 오히려 제가 회개해야 할 것 같습니다."

"그래서 선배님은 그 때부터 설교를 접은 거예요."

"당장 접을 수는 없었어. 그게 2017년 연말인 셈인데, 2018년 상반기까지는 해외 선교지 사역과 국내 집회 일정이 빼곡히 잡혀 있었거든. 그래서 약속된 집회만 다니고 새 약속을 잡지 않기로 하고 반년 동안 더 설교사역을 계속했지"

"그리고 이제는 완전은퇴한 것이네요?"

"그렇지 완전 은퇴한 것이지."

"선배님, 그런데 아까 사역을 접고 쉬라고 하나님 말씀하실 때, '연약한 증인의 사명을 행하느라고 수고했다.'고 격려와 위로의 말씀도 하셨다고 말씀하셨지요?"

"응 그랬어."

"그건 무슨 말씀이시지요? 연약한 증인의 사명을 행했다는 게 무슨 말이에요?"

"아, 그거 내 언젠가 얘기한 적이 있을 텐데. 임 목사도 알다시피 내가 평생 몸이 연약하여 허덕이면서 사역했지 않나?"

"그러셨지요. 몸이 약하셨던 중, 더 약한 시절에는 훈련원에서 한 시간 강의 하시면 한 시간 누워 계시고 했다는 이야기도 알고 있습니다."

"그랬지. 내가 건강이 약해서 하도 고생스러웠어. 사실 나는 40대 때부터 은퇴하고 싶었을 정도였다네. 그런데 70대가 넘도록 사역하다가 내려놓게 되었으니, 내게는 사역을 내려놓는 게 축복이 되기도 하지. 그래서 연약한 중에 허덕일 때 하나님께 항의한 적도 있었어. 나는 전능하신 당신의 아들이요. 당신의 종을 좀 다 고치고 건강하게 사용하시면 안 되느냐고 따졌어."

"그런 적도 있으셨어요? 정말 건강하게 사용하시면 얼마나 좋았을까요? 하나님께서는 뭐라고 하시던가요?"

"'순교자가 죽는 일은 저주 받아서 죽는 것이겠느냐? 아니면 사명이기에 죽는 것이겠느냐?'라고 물으시더군."

"왜 그런 질문을 하셨대요?"

"그래서 '사명이기에 죽는 것이지요?'라고 대답했더니, '내가 네게는 연약한 증인의 사명을 지웠으니, 나를 위하여 연약한 중에 최선을 다할 수 없겠니?' 그러시더라고."

"아, 연약한 증인의 사명"

"그러니까 선배님의 사명은 선배님의 연약함으로 말미암아 강하고 위대하신 하나님께서 더 드러나시고 증거되게 하는 사명이었다구요?"

"그렇다네. 그래서 그 뒤로는 원망하거나 불평하지 않았고 연약한 증인의 사명을 감당하는 삶을 살아왔지. 사실, 생각해 보면 내가 바나바 훈련원을 개척하게 되어 20년 동안 목회자들을 가르치고 훈련하게 된 것은 다른 어떤 능력이 아니라, '나의 약함 때문에 이루어진 일이구나.'라고 확인하게 되지."

"그게 왜 그렇다는 것이지요?"

"이봐 생각해 봐, 목사들이 어딘가에서 다 지도자들 아닌가? 지도자들이 다른 누구 한 사람아래서 1년 동안 배우고 훈련 받는다는 게 쉬운 일인가? 게다가 내 후배인 성결교회 목사들만이 아니라 교파를 초월해서 오는데 말이야."

"그렇지요. 내가 훈련 받을 때 오신 감리교 목사님도 그런 말씀을 하더라고요. 다들 나름 최고의 지도자라고 자부심을 가진 목사들이 자기를 포함하여 1년씩 목사님에게 교육을 받는다는 게 신기하다고 하더라고요. 학위를 받는 곳이면 학위 때문에라도 오겠지만, 여기는 학위를 받는데도 아니고 순전히 자발적으로 오는 사람들이 전부인데, 한 달 왔다가도 다음 달에 안 올 수도 있는거군요. 그런데 1년 내내 개근들을 하면서 오는 것이 신비스럽다고 말씀하더라구요"

"맞는 말이야. 그게 무엇이었겠나?"

"영성이겠지요!"

"그게 모두 다 내가 연약해서 된 일이라네."

"연약해서 된 일이라고요? 어떻게 그걸 설명하지요?"

"그분들이 바나바 훈련원이 좋다고 하니, 일단 가보자 하면서 와요. 그래서 첫 번 3박 4일을 지내 보고, 더 올 것인가를 결정하게 되는 것인데, 첫 주간 내 강의를 듣다가 고꾸라져서 회개하며 1년씩 훈련을 받게 되는 것은 내 강의 내용에 무슨 특별한 게 있어서가 아니라, 내가 강의할 때마다 이 강의가 끝나면 돌아가시는 것 아닌가? 하고 생각될 정도로 연약한 중에 유언처럼 던지는 말들에 하나님이 영감을 부어 주시니, 사람들이 자신을 내려놓고 반성하고 새로워지려고 몸부림치게 되면서 훈련이 이루어졌을 수 있었던 것이야. 내 육신이 튼튼했었더라면 아마도 훈련이 잘 안 되었을 것이야."

"그건 사실인 것 같습니다. 저도 선배님의 강의를 들으면서 한 선배의 마지막 유언 같은 느낌이 들면서 찡하고 눈물 나며 도전을 받았던 기억이 있습니다. 그리고 많은 목사님들이 처음 개강하면서 각자 자기를 소개할 때 '이강천 목사님이 영성이 좋다는데 언제 돌아가실지 모르니 돌아가시기 전에 만나고 배워봐야겠다고 서둘러서 지원했다.'는 이야기를 많이 하시는 것도 바나바 훈련원의 분위기였지요. 그런데 하나님께서 그 연약한 증인의 사명을 끝내고 편히 쉬라고 하셨으니, 그것도 또 다른 은혜네요. 지금 선배님은 건강하시지 않으세요?"

"당연하지. 연약한 증인의 사명은 끝났고 하늘나라에 가야할 때가 되었으니, 이 땅에서 사는 동안에는 건강한 게 당연하지."

"하나님께서 선배님 말년에 건강한 삶을 좀 누리게 하시나 보네요?"

"그런 것 같네. 앞으로 얼마나 누리게 하실지는 모르지만, 사는 날 동안에는 감사하면서 사는 거지"

"하여튼 선배님의 건강한 모습이 저로서도 보기 좋네요. 그런데 선배님. 아까 제가 설교에 대한 가벼운 태도를 가진 것에 대해 회개하기로 하긴 했는데요. 과연 설교를 얼마나 진지하게 해야 하고, 어떻게 해야 설교다운 설교를 하게 될까요?"

2장

최근에 나온 설교학 책도 읽어라

최근에 나온 설교학 책도 읽어라

"임 목사. 자네 설교학에 관한 책은 좀 읽었는가?"

"신학생 때 숙제하느라고 읽었었고 목회하면서 더 읽지는 아니했습니다만, 설교학 책을 또 읽어야 할까요?"

"목회든 설교든 하나님과 사람을 만나게 하는 것은 중요한 사역의 본질일진대, 하나님은 변함이 없으시지만 인간은 변화하고 특히 인간의 문화는 늘 변하지. 그래서 새로운 시대의 문화 적응력을 위하여 새로 나온 책들을 읽을 필요가 있고, 설교학도 근래 나온 설교학 책을 읽는 일은 도움이 될 거야."

"요즘은 이야기 설교가 많이 논의되는 것 같기는 하더라고요. 설교에도 변화하는 트렌드가 있는 것 같아서 새로운 책을 읽기는 해야 할 것 같네요. 선배님께서 추천해 주실만한 설교학 책이 있으신가요?"

"우선, 설교학 전체의 흐름을 이해하는데 좋은 교과서 같은 책으로는 정인교 박사의 『설교학 총론』이 좋은 것 같더라고. 또 이재기 박사의 『변화하는 세상을 위한 새로운 강해 설교』라는 책을 한번쯤 읽으면 좋겠고, 박애란 박사의 『한국인을 위한 강해 설교 어떻게 할 것인가?』 라는 책도 인상적이고, 이현웅 박사의 『공감 설교학』도 한번 읽어 보게! 이 책들은 다 변화하는 우리의 문화와 거기 대응하는 설교학들을 나름 분석해서 주장하는 책들이야. 게다가 한 권 더 추천하고 싶은 책이 있는데, 정근두 박사의 『마틴 로이드 존스에게 배우는 설교』라는 책이야. 이 책에는 설교의 개관적 연구와 성령님께 의존하는 설교의 영성을 잘 조화시킨 로이드 존스의 설교에 대한 고찰이 나오는데, 앞의 책들과 균형을 이루는데 도움이 될 것이야. 왜냐하면, 새로 나오는 설교학 책들은 대부분 설교기술에 대한 논의가 많아. 예를 들면, 이야기 설교라는 것도 설교 기술을 이야기 하는 것이지 않나?"

"아이고, 선배님을 만나다 보니 숙제가 많아지네요!"

"그런 말 할 줄 알고 내가 이 몇 권만 소개해주는 거야. 이봐 임 목사! 목사는 늘 노력해서 공부를 해야 해요. 설교학 말고도 공부해야 할 것들이 많아. 내 옛날이야기 하나 해 줄까?"

"고전적 의미의 옛날이야기인가요? 아니면, 오래 사신 선배님의 옛날이야기인가요?

"내가 벌써 늙었어. 옛날이야기나 하고 말이야. 옛날이야기는 다름이 아니라, 나의 옛날이야기라네. 내가 요양생활을 하기 전에 교단 선교국장으로 있으면서 한국교회 선교를 보다 활발히 하고 협력하자는 취지에서 한국교회 세계선교 협의회를 만드는 작업에 동참했었지. 그때 많은 어른들을 만나고 교제하게 되었는데, 그 중에서도 정진경 목사님과 곽선희 목사님께 많은 것을 배우고 깨닫게 되었다네."

"아. 그분들과 자주 교제할 기회가 있으셨네요?"

"그 모임에서는 내가 제일 막내였는데, 가장 잘 배웠지."

"뭘 배우셨나요?"

"우선 정진경 목사님께는 덕을 배웠어. 이 분은 어떤 경우에도 부정적인 말을 안 하시고 언제나 긍정적으로 분위기를 이끄시더라고! 예를 들면, 당시 총무 역할을 한 분이 김명혁 박사님이셨는데 이분이 일을 참 잘했어요. 그러나 때로는 일을 하다 보면 어려움도 있고 잘 안 되는 것도 있지 않겠나?"

"그러겠지요!"

"나를 포함해서 다른 사람들은 일이 꼬이거나 잘 안되면 '총무님이 어떻게 일을 꼬이게 해요?'라고 하면서 투덜거리곤 했

말씀로 입구
여기가
좋사오니~

어요. 그런데, 정진경 목사님은 절대로 한 번도 부정적 표현을 안 했어요. '허허, 우리 총무님께서 참 애를 많이 쓰셨는데, 좀 아쉽게 되었네요. 자! 여러분. 이제 이 상황에서 어떻게 하면 잘 될지를 논의해 봅시다.'라고 하시면서 분위기를 긍정적으로 바꾸어 놓아요. 그러니 당시에 김명혁 목사님은 정진경 목사님을 형님처럼 모시는 것 같더라고."

"곽선희 목사님께는 무엇을 배우셨나요?"

"그분은 여러 가지 면에서 훌륭하셨지만, 무엇보다도 그분은 걸어 다니는 백과사전이라고 할 수 있었어요. 세상에, 성경이나 신학 분야뿐만이 아니라, 일반 사회 ,정치, 경제, 문화, 예술, 체육 어떤 분야의 이야기가 나와도 모르는 게 없어요. 곽선희 목사님은 이 세상에 만 가지 사람들을 만나 전도하고 설교해야 하는 목사로서 모든 분야를 상식으로 알아야 할 것 같아서 젊어서부터 많은 분야의 책을 읽고 공부하고 스크랩한다는 것이야. 나는 그분께 굉장한 도전을 받았지."

"그래서 선배님도 여러 분야를 공부하는 것에 노력을 하셨던 것인가요?"

"생각은 그렇게 했는데 어림도 없어. 임 목사는 젊으니 더 늙기 전에 공부하는 목사가 되게."

"네, 선배님 노력하겠습니다. 그런데 설교 이야기 하다가 말고 좀 곁길로 나가셨습니다."

“아, 그랬지. 늙으면 말이 많다더니 그 말이 맞는 것 같아. 무슨 얘기를 하다가 이렇게 된거지?”

“선배님께서 설교를 잘 못한다고 하나님께서 책망을 하셨다는 말씀을 하셨고, 그 얘기 들으면서 제가 큰 도전을 받아 ‘설교가 뭐 길래 그렇게 무거운 것인가?’라는 질문을 했었습니다. 도대체 설교가 무엇이지요? 설교가 뭐 길래 그렇게 심각한 것인가요?”

3장
설교가 뭐 길래?

설교가
뭐 길래?

"글쎄. 설교가 무엇일까? 잠시 설교학 이야기는 했지만, 내 이야기는 설교학적인 것은 못 될 것일세. 다만 내 경험을 나누는 것이지. 임 목사는 설교가 무엇이라고 생각하나?"

"설교요! 매주일 설교를 하면서도 설교가 무엇이냐? 라고 선배님이 물으시니 뭐라고 정의해야 할지 난감하네요. 뭐. 설교란 하나님의 말씀의 계시인 성경을 성도들이 알아듣고 이해하고 따를 수 있도록 풀이해 주는 것이 아닌가요? 아니면, 다른 말로 설교란 성경말씀에 따라 성도들을 가르치는 것이 아닐까요?"

"성경을 풀이해 주는 것이라? 그게 아니라고는 할 수 없겠지!", "그렇다면 임 목사는 성경말씀을 잘 풀이하기 위해서 성경연구는 열심히 하나?"

"글쎄요, 또 열심히 하느냐고 물으시니 뭐라고 대답할 자신은 없네요. 하지만 그런대로 노력은 하는 편이지요."

"어떻게 연구하는데?"

"어떻게 연구하기는요. 우선 성경을 객관적으로 연구하기 위해 성경의 배경 연구를 먼저 합니다. 그래서 어떠한 역사적, 문화적, 사회적 배경에서 나온 이야기인지를 살펴 봅니다. 다음에는 문맥 연구를 합니다. 앞장과 뒷장이 어떠한 연관성 속에서 맥락을 이루고 있고, 그 맥락 속에서 무엇이 강조되고 있는지에 대해 분석합니다. 그 다음에는 관주 연구도 합니다. 동일한 내용을 다른 구절에서는 어떻게 반복하고 있는지에 대해서도 따져 보는 것입니다. 그 다음에는 원어 연구를 합니다. 구약에서는 히브리어 단어, 신약에서는 헬라어 단어를 대상으로 그 용례와 원의를 분석해 보는 시간도 갖습니다. 그러다 보면 성경 각 구절이 의미하는 것이 무엇인지를 객관적으로 이해 할 수 있게 되더라구요."

"음, 임 목사 그런 점에서는 아주 훌륭하네 그려. 설교자는 우선 성경을 객관적으로 이해하려는 노력이 필요한데, 아주 훌륭해."

“제가 바나바 훈련원 수료식 예배에 참석한 적이 있는데, 그 해 수료식 예배에서 설교를 담당하셨던 목사님은 은퇴한 원로 목사님이셨습니다. 바나바 훈련원 수료식이어서 그랬는지 바나바에 대한 설교를 하시더라고요.”

“그 때 본문은 사도행전 4장 36절을 선택하셨고, 성경말씀은 ‘구브로에서 난 레위족인이 있으니 이름은 요셉이라 사도들이 일컬어 바나바(번역하면 권위자)라 하니’라는 구절이었어요. 그 때 사용한 역본이 개역성경이었는데, 바나바는 권위자라는 내용으로 진술되어 있었기 때문에 바나바 훈련원 출신들은 바나바와 같이 권위가 있어야 한다고 열변을 토하시는데 너무 민망했습니다. 성경에 나오는 권위라는 말은 권면하고 위로한다는 뜻의 권위가 아닙니까? 그래서 개역 개정판에서는 ‘위로의 아들’이라고 번역하고 있고요. 그런데 그 목사님께서는 권위를 권세와 위엄으로 해석하여 설교에 마구 우겨 넣었던 것입니다. 그 때 나는 너무 충격 받았고, 목사로서 내가 부끄러워서 몸 둘 바를 몰랐습니다. 그 후로 나는 설교할 때에 성경에 대한 객관적 지식을 먼저 분명히 한 뒤, 설교해야 한다고 결심했습니다. 그래서 저는 설교를 하기 전에 먼저 본문을 최대한 객관적인 시야에서 지성적으로 연구하는 일에 힘쓰는 편입니다.”

“임 목사. 아주 훌륭해요. 그 때 그 원로목사님 설교에 나도 참 민망했었는데, 그게 도리어 수료식 예배 때 참석한 목사들에게 성경 연구를 열심히 하게 하는 계기가 되었을 거라 생각은 들었지. 성경을 연구하고자 하는 노력은 아무리 해도 지나치지 않을 걸세. 그러나 설교는 단순히 성경을 객관적인 지식으로 해설하거나 설명하는 것이 아니란 것을 깨닫게 하시더군."

"한 가지 생각나는 이야기가 있네. 나의 처형이 하루는 내게 정중한 말투로 '이 목사님, 우리 평신도들이 히브리어나 헬라어를 공부해야 합니까?'하고 묻더라고!", "자네는 이것을 어찌 생각하나?"

"평신도들이 히브리어 헬라어를 알아야 한다고요? 뭐 알아서 나쁠 거야 없지만, 꼭 알아야 한다고 말 할 필요는 없지 않나요? 그런데 왜 그런 질문을 했대요?"

"그 교회 담임 목사님이 히브리어 헬라어를 아주 잘 아는 분이래. 그래서 설교를 할 때마다 히브리어로는 어떻고, 헬라어로는 어떻고, 하면서 심지어 칠판을 강단에다 올려놓고 히브리어와 헬라어를 써 가면서 열을 올려 성경 해설을 하는데, 그것을 듣는 평신도 성도들은 머리가 아팠다는 것이야."

"그건 좀 지나쳤군요. 담임 목사님께서 교회 강단을 신학교 강의실로 착각한 모양이네요."

"그렇지, 임 목사는 설교한다고 이렇게 자기가 연구한 바를 발표하는 것은 아니지?"

"아니지요. 하하"

"어! 근데 가만히 생각해 보니, 나도 성경을 깊이 연구했다고 생각하고 설교 시간이 연구한 것을 발표하는 시간인 마냥 설교한 경향이 없지 않은 것 같은데요."

"선배님, 설교란 단순한 성경 해설이 아닌 뭔가가 있는 것 같은데요? 그걸 말씀하시고 싶어서 빙빙 돌려 질문해 가시면서 이야기를 끌고 오신 것 아니에요?"

"임 목사 눈치가 빠르긴 한 것 같네. 임 목사 내가 누구인가? 내가 교수 출신 목사가 아닌가? 내가 그러한 함정에 빠져 있었던 것이야. 그런데 성령님께서 설교는 단순한 성경 해설 차원이 아니라, 그 본문을 통하여 말씀하시는 하나님의 메시지를 듣고 선포해야 한다는 것을 지적하시더라고."

"설교는 단순한 성경공부나 성경해설이 아니라, 기록된 성경을 통하여 현재적으로 말씀하시는 하나님의 메시지를 듣고 대언하는 것이란 말씀이지요. 아하! 나의 설교에 부족한 것은 바로 그것이었네요! 객관적인 해석과 해설에 노력을 기울이는 동안 과거의 텍스트에는 충실했으나, 살아계신 하나님의 현재적 메시지를 갖지 못했다는 결정적 약점이 내 설교의 문제라는 게 깨달아지네요. 아! 선배님. 이것이 저의 결정적인 실수였네요."

"아주 훌륭해요 임 목사. 지금이라도 이점을 깨닫는 게 아주 중요하지. 현대 목회자들은 학문적으로도 많은 연마를 해서 석사학위는 기본이고, 목사 중에서도 박사가 얼마나 많은가?

그런데 공부를 많이 할수록 그러한 함정에 빠지기 쉬운 것 같아. 성경을 명쾌하고 멋지게 분석하여 잘 해설하기만 하면 설교를 잘하는 것으로 착각하게 된다는 것이지. 오히려 여기에서부터 영적 기갈이 시작되는 것이야. 설교에서 영성은 사라져 버리고 지성적 내용만을 전달하는 설교가 되고 마는 것이지. 임 목사가 이제라도 깨달았다니 너무 고맙고 기대되네. 오늘 우리의 과제는 설교의 영성을 회복하는 일일 걸세. 과거에 기록된 성경을 잘 풀이하는 것이 1차적 작업이지만, 그 과정에서 살아계신 하나님의 현재적 메시지, 오늘의 음성을 듣고 전하는 차원의 영성을 회복하여야 하는 것이 오늘 한국 설교 강단의 중요한 과제라는 것이야. 그리고 임 목사가 아까 처음 질문에 답할 때 설교란 성경을 풀이하는 것이고, 또 무엇이라 말했었지?"

"설교란 성경말씀에 따라 성도들을 가르치는 것은 아닌가? 라고 했었지요. 성도들에게 하나님의 뜻대로 살아가기를 전하는 것과 성도의 바른 삶과 윤리, 그리고 참된 제자도 사명 등을 가르치는 것 아닌가요?"

"그런 게 아니라고는 말 할 수 없겠지!"

"제 대답이 만족스럽지 않은 눈치네요? 선배님이 생각하는 설교는 무엇인데요?"

"나라고 별 수 있겠나! 나도 그렇게 생각했었지. 그런데 주님께서 이제서야 깨닫게 하시는 데, 설교는 성도를 단순히 가르치려고 드는 것이 아니라는 걸세."

"그러면, 설교는 무엇이라고 하시던가요?"

"하나님 말씀을 대언하는 것이라 하더군."

"하나님의 말씀을 대언하는 것이라고요? 누가 안 그런대요? 모두 하나님 말씀인 성경에 근거해서 말하고 있지 않아요? 그러면 다 하나님 말씀을 대언하는 것이 아닌가요?"

"아니라고는 말 할 수 없지만……"

"아니라고는 말 할 수 없지만, 뭐라고요?"

"잘 알지도 못하는 주제에 가르치려고 닦달하는 내 모습이 한심하다고 하시더라고. 설교자가 가르친다고 배우고 따를 사람이 별로 없다는 것이야. 예수님이 가르쳐 주어도 순종을 잘 안 하는 사람들인데, 그러한 사람들에게 계속 가르치려고 안달하는 모습이 딱하니 그만 가르치라는 것이야."

"설교가 가르치는 것이 아니라고는 말 할 수 없지만, 가르치려고 하는 설교는 잘하는 게 아니라는 말씀이네요. 나도 설교할 때마다 뭐라도 가르치려고 애를 써 왔는데, 헛수고를 한 모양이네요."

"전혀 헛수고라고 극단적인 표현은 하지 말자고. 그렇지만 이제 가르치려고 하는 접근법으로 설교하지 말고, 주님의 말씀을 듣고 대언하려고 하는 접근법에서 먼저 하나님의 말씀을 듣는데 더 깊은 영성을 추구하고, 들은 것을 전하고 선포하려는 태도를 가져 진지하게 임해야 될 것 같네."

"결국은 설교라는 것이 하나님의 말씀을 통해 성도의 삶을 가르치는 것이 맞기는 한데, 그걸 내가 가르치려는 자세로 덤볐다는 것이 문제로군요. 가르치려는 태도! 그게 문제인 것 같네요?"

"목사가 되어서 성도들을 가르치려고 하는 게 무슨 죄이겠나? 그러나 설교는 그 이상의 것이라는 것이지. 이 이야기를 하다 보니 생각나는 사람이 있네!"

"누군데요?"

"어느 태국 목사님에 대한 이야기인데. 내가 원장직을 은퇴한 후에 태국에 해마다 다섯 차례 목회자 세미나를 인도하러 갔었지. 아주 성실하게 매번 참석하며 은혜를 받고 있던 한 태국 목사님께서 계셨는데, 이분이 내게 고백을 하더군."

"무슨 죄를 고백하던가요?"

"죄라기보다는 자기의 목회 실패담을 들려주더군."

"어떤 내용이었는데요?"

"그 목사님은 태국의 전도폭발 본부장이셨고, 훈련받은 성도들과 함께 전도를 참 많이 한 분이셨는데, 결론적으로 교회는 성장을 못했다는 거야. 전도로 인해 새신자가 매주일 등록을 하는데도 연말에 가 보면 성도들의 숫자는 늘지 않고 제자리걸음을 하고 있었던 거지! 어느 해에 성도들의 숫자가 많이 늘었나 싶으면, 다음 해에는 도로 줄고 하는 세월을 28년 동안 보냈다는 거야."

"왜 그랬을까요?"

"자기도 왜 그런지 알 수 없어 절망스럽기까지 했다는 거야. 그런데 내 강의를 들으면서 깨닫게 되었다고 고백하더라고,"

"뭐가 문제였다는데요?"

"자기에게 성도들을 가르치려는 열망이 너무 컸었다는 것이야. 그런데 아무리 열정을 다 해 가르쳐도 사람들은 변화하지 않았고, 순종하지 않았고, 그래서 성도들이 따르지 않는 것에 대해 배신감을 느껴 지쳐있었던 모양이더라고."

"그래서요?"

"그 목사님은 성도들의 수준을 끌어 올리겠다는 열심으로 설교를 할 때마다 잘못을 지적하고 열심을 다하여 가르쳤는데, 그것이 성도들에게 감동으로 전해진 게 아니라, 지겨운 잔소리와 스트레스로 작용하여 자신이 성도들에게 역정을 낸 것과 다를 바가 없었다는 것을 깨닫게 되었다고 눈물로 고백하더라고."

"아하, 그래요! 그래서 선배님은 지금 설교는 가르치는 행위가 아니라고 제게 강조하시려는 것이지요?"

"아니긴 누가 아니래? 설교는 자연히 가르치는 요소를 담고 있지. 그러나 설교는 단순히 가르치는 행위가 아니고, 가르치는 그 이상의 것이며, 가르치려는 태도로 설교하는 것은 설교자의 교만일 수가 있다는 것이지."

"생각해 보니 저도 가르치려고 애쓴 것이 사실인 것 같거든요. 그런데 정말 지쳐 버리는 것은 아무리 성도들을 가르쳐도 변화가 없다는 것입니다."

"그렇지? 변화가 없다는 것으로 인해 설교자가 지치게 되는 경험은 나도 많이 한 것 같네. 내가 늦게 깨달은 것은, 아무리 가르쳐도 변화가 안 일어난다는 것이야. 사람의 말로 사람을 변화시킨다는 것은 거의 불가능한 일인지도 모르지."

"냉수 마시고 속 차리라더니, 정말 냉수를 마시고 속을 차려야 될 것 같아요. 그런데, 그 태국 목사님은 그것을 깨닫고 어찌 되었나요?"

"그 고백을 하고 나서 1년이 흐른 후, 다음 해에 찾아 갔더니, 아주 행복한 표정으로 보고를 하더군."

"행복한 목회가 이루어진 모양이네요. 어떻게요?"

"가르치려는 태도를 내려놓고, 성경을 묵상할 때마다 성도들과 그들의 삶을 묵상해 보며, 이들을 향한 하나님의 마음은 무엇일까? 묵상하면서 하나님께 메시지를 구했다고 해."

"태도와 접근법에서 변화가 있었군요."

"그렇지! 그랬더니 성도들을 향하신 하나님의 마음이 느껴지기 시작하면서 눈물이 나더래. 그 연민과 사랑의 마음을 담

설교는 가르치는 게 아니고
하나님의 말씀을 대언하는 거야!

아 설교하면, 성도들 역시 눈물로 반응하며, 은혜를 받고, 감사하면서 감격하더라는 거야. 그러면서 성도와 목사 간에 사랑이 생기고 성도 간에도 사랑하는 분위기가 생겨 따뜻해지면서 성도들의 숫자도 늘어나서 1년 사이에 배가 되는 기적을 맛보았다고 보고하더라고. 그래서 자기가 '너무 행복한 목사가 되었다.'라고 고백했고, 성도들의 모습에도 행복이 넘쳐나보이더라고. 그 후로도 태국에 한두 번 더 갔었는데, 갈 때마다 그 교회 성도들이 대접하는 일을 얼마나 즐거워하던지 ! 자기들에게 행복한 교회생활을 만들어 주신 하나님께 감사하면서 나한테도 잘 섬겨주더라고."

"아하! 가르치려고 하지 말라. 그럼 무얼 어떻게 설교해야지요?"

"어려운 말이긴 한데, 내 입을 통하여 하나님이 말씀하시게 하는 일이지. 하나님은 사람을 변화시킬 수 있으시거든. 그게 설교라는 거야."

"그게 어떻게 가능한 일인데요?"

"나도 참 당황스러웠지. 그 원리는 이런 것이래. '하나님께 듣고, 들은 것을 전하라!'하는 것이야. 그래야 하나님의 말씀을 대언하는 것이래. 그래서 나는 이것을 '에바다의 원리'라고 깨닫고 명명하기로 했다네."

"에바다의 원리라고요. 그것은 또 무슨 말씀이세요?"

"성경에 '에바다'에 대한 이야기가 있지? 마가복음 7장 32-35절일거야. 한 번 보자고. 마가복음 7:32~35절 사람들이 귀먹고 말 더듬는 자를 데리고 예수께 나아와 안수하여 주시기를 간구하거늘 예수께서 그 사람을 따로 데리고 무리를 떠나사 손가락을 그의 양 귀에 넣고 침을 뱉어 그의 혀에 손을 대시며 하늘을 우러러 탄식하시며 그에게 이르시되 에바다 하시니 이는 열리라는 뜻이라 그의 귀가 열리고 혀가 맺힌 것이 곧 풀려 말이 분명하여졌더라."

"에바다는 '열리라'는 뜻이라고 하는데요. 뭐가 열려야 하나요?"

"35절에 무엇 무엇이 열리는지 보게나."

"귀가 열리고 입이 열린 것이네요."

"그렇지, 그런데 그 순서를 주목하여 보게."

"귀가 먼저 열리고, 그 다음에 입이 열렸네요."

"그래 바로 그거야. 내가 장애인 선교하시는 목사님께 물어보았지. 귀로 듣기는 하는데 말 못하는 사람도 있느냐? 물었더니, 그것은 있을 수 있대. 귀는 성한데 입이 고장나서 말을 못하는 경우가 있다는 거야. 그래서 반대로 귀로 듣지 못하는데, 말을 하는 사람도 있느냐? 물었더니, 듣지 못하는 사람은 말을 할 수 없대요. 귀가 망가져 못 들으면 입이 성해도 말을 못한대."

"아! 들어야 말을 한다."

"여기서 내 딸 자랑 한번 하고 싶은데"

"딸 자랑을요? 설교이야기 하시다 말고 딸 자랑하시겠다고요? 부모의 자식자랑은 죄가 아닐테지요!"

"내 딸아이가 영어를 잘하거든. 그리고 지금은 미국에 가서 살고 있어요. 그런데 이 아이가 미국 가기 전에 영어 공부를 해야되는데, 영어 공부가 지겹다고 툴툴거리더라고. 문법을 공부하는 것은 더 지겹고, 단어를 외우고 문장을 외우는 것이 지겹다는 것이야."

"그거 지겹지요!"

"그러더니 공부는 안하고 매일 영화만 보는 거야. 그래서 내가 '너 공부는 안 하고 영화만 보냐'라고 참견했더니 '아빠 나 지금 영어 공부하는 거야.'라고 말하는 것이야"

"영화 보는 것이 영어공부라고요?"

"응. 그러더라니까. 대신 한국 영화가 아니라 영어로 진행되는 미국영화를 보는 거야. 한 반년인가? 그렇게 영화만 보더니 귀가 열렸다는 것이야. 웬만한 영화는 이제 자막도 없이 다 본다는 거야. 영어가 다 들린데. 그러더니 영어로 말하는 게 자연스러워졌지. 미국 사람들과 대화하는 게 겁이 안 나고 막힘이 없고 재미있다는 거야. 귀가 열리니 입은 그냥 열린다고 좋아하더니, 이제는 미국에 가서 살고 있고, 미국에서 회계사 사무실 낸다고 하더라고."

"'귀가 열려야 잘 듣고 말한다.'는 원리라! 그러니까 설교에서도 '하나님의 말씀을 들어야 하나님의 말씀을 대언한다.'는 그런 원리네요. 그러면 하나님의 말씀을 듣는데 더 많은 노력을 기울여야겠네요."

"맞아. 우리는 지금까지 설교가 하나님의 말씀을 대언하는 것이라고 정의하면서 내 것을 (비록 성경 말씀이라도 내가 깨달은 차원의 그것) 가지고 성도들을 가르치려고 때로는 열을 올리고, 때로는 잔소리를 하고, 때로는 역정을 부리면서, 소리 질렀던 것이 아닌가? 이제는 그것을 반성하게 된다네. 바로 그 태국 목사님이 그것을 깨달았다고 하시더라고."

"그러면 이제부터는 설교를 준비할 때 '주일에 무엇을 가르칠까?'를 생각하는 대신 '주님께서 무엇을 말씀하고 계시는가?'를 듣는 작업이 중요하겠네요."

"바로 그거지. 임 목사, 나는 그것을 늦게 깨달았어! 이제 설교를 내려놓게 되었지만, 임 목사는 그것을 깨닫고 제대로 설교해야 하겠네?"

"그런데 어떻게 하나님의 음성을 들어요?"

"묵상과 기도이지. 임 목사, 평소에 말씀 묵상하면서 살고 있지? 그리고 바나바 훈련원에서 아침과 저녁에 기도하라고 훈련했는데 그렇게 하고 있지? 하나님의 음성을 듣는 길은 말씀 묵상과 기도야! 설교준비과정에서부터 이 원리를 그대로 적용하면 되는 것이지. 임 목사가 성경을 객관적으로 연구하면서 정확한 원래의 의미를 밝히려고 노력한다고 했지? 아주 좋은 자세야. 그것은 반드시 지켜야 할 기본적인 관문이에요."

"연구해 놓고 그 다음이 더 중요한 것 같네요. 그 다음에 어떻게 해야 하나님의 메시지를 받는 것이고 주님의 음성을 듣는 것이지요?"

"객관적으로 연구한 자료를 앞에 놓고 '하나님, 성경의 진리들을 깨닫게 하시니 감사합니다. 그런데 이 성경을 통하여 오늘 나와 우리 교회공동체, 그리고 성도들에게 하시고 싶은 당신의 말씀과 현재적 메시지는 무엇입니까? 제가 무엇을 어떻게 설교하기를 원하십니까?' 하고 물으면서 기도하고 묵상하며 주님의 음성을 듣는 것이야. 임 목사 잘 듣게, '주께서 내게 야단친 것이 무엇인가 하면...' 하나님께서 이미 객관적 계시로 주신 성경말씀을 내가 설교하기 때문에 부분적으로는 하나님의 말씀을 대언하고 있지만 '하나님께 듣지 않고 설교하는 것은 거짓 예언에 속할 수 있다'는 것이야!"

"아이고 무서워라. 거짓 예언자가 될 수 있다고요? 설교라는 게 보통 일이 아니군요. 더 진지해야 하겠고, 더 깊이 주님과 만나고 주님의 음성을 듣는 묵상과 기도가 필요하겠네요!"

"임 목사가 이것을 깨닫게 되었으니 감사하네. 예언과 빗대어 말씀하신 것을 생각하면서, 예언자의 원리도 생각해 보았어?"

"예언자의 원리요? 그것은 또 무슨 말씀인가요?"

"구약에 보면 예언자의 활동과 예언에 대한 기록이 많지 않나?"

"예언서들은 대표적인 예언 활동의 기록이지요."

"그렇지. 그런데 예언자들은 무엇에 대해 예언하던가?"

"예언자에게 임한 하나님의 말씀을 선포하지요."

"바로 그거야. 만약 임하지 않은 말씀을 선포한다면, 그것은 무엇일까?"

"그게 거짓 예언이지요."

"에스겔서에 그런 지적이 있더라고. 하나님의 말씀을 듣지 않고 자기 마음대로 예언하는 선지자들에게 여호와의 말씀을 들으라고 책망하는 말씀 말이야."

에스겔 13장 2절에 "인자야. 너는 이스라엘의 예언하는 선지자들에게 경고하여 예언하되 자기 마음대로 예언하는 자에게 말하기를 너희는 여호와의 말씀을 들으라"

"예언은 하나님 말씀을 먼저 듣고, 그것을 선포하는 것이므로 듣지 않고 마음대로 선포하는 것은 거짓 예언이지요!"

"하나님이 말씀을 주시고 들은 메시지를 전하는 것이 예언이었듯이 오늘날 우리의 설교도 하나님의 메시지를 듣고 전해야 진정한 설교라고 생각할 수 있다는 거야. 그래서 나는 그런 원리를 예언자의 원리라 명명했어."

“그렇게 보면, 저도 거짓 선지자 노릇을 많이 한 것 같은데요. 듣지 않고 선포했으니 말입니다. 그렇지만 선배님, 구약의 예언자들은 그 대신 여호와의 말씀이 임하지 않으면 예언도 하지 않았는데, 오늘 설교자들은 시간이 되면 듣든, 못 듣든 설교는 해야 하지 않나요? 설교와 예언을 같은 기준에서 말하기는 어려울 것 같은데요? 예언은 직접적으로 하시는 말씀을 대언하는 것이고, 설교는 기록된 말씀을 풀이하는 것 아닌가요?”

“그것은 임 목사 말이 맞아. 그러나 원리는 같다는 것이야. 그래서 예언자보다도 오늘 설교자의 과제가 더 중요하지. 예언자는 말씀이 임하면 전하고 말씀이 임하지 않을 때는 잠잠하면 되었는데, 설교자는 늘 전해야 하니까! 더 힘든 과제인데, 설교에서 중요한 원리는 하나님께 들은 것을 말하라는 것이야. 오늘날 설교자의 약점은 하나님께 듣는데 약하고, 듣지도 못하면서 전한다는 것이 비극이 아니겠나?”

“깨닫게 도와주셔서 감사합니다, 선배님! 그런데 선배님! 아무리 해도 영적인 귀가 둔해서 하나님의 현재적 메시지를 듣지 못하는 경우는 어찌해야 할까요? 그런 걱정이 드는데요?”

“이 친구야! 해보다가 안 되면 물어봐! 해 보지도 않고 미리 짐작으로 걱정 말게나. 하기야 설교는 때가 되면 해야 하고, 메시지를 듣기 위해 기다리며, 묵상하고, 기도하는 일은 현대를 사는 설교자들에게 큰 짐이지. 하지만 우리가 그런 진지함을 버리면 설교자로 승리할 수는 없는 것이지. 헛소리 하다 끝나는 설교, 성도들이 하품하며 시계 들여다보게 만드는 설교, 퍼포먼스가 있어 '아 멋진 설교다.'라고 감상만 하게 하는 설교 등은 하지 말아야지. 수고스러워도 진지한 씨름을 해야 하는 게 설교자의 자세가 아니겠나? 그래서 나는 이런 생각을 하게 되었어?"

"무슨 생각을요?"

"설교란 단순한 언어의 외침이 아니고, '살아 계신 하나님의 메시지를 받아 전함으로써 살아계신 하나님과 회중 성도들을 만나게 하는 사역이다.'라는 생각을 하게 되더라고. 여하튼 임 목사, 설교를 통해서 성도들은 하나님을 만나게 되어야 해!

"그래요, 선배님 말씀이 맞는 것 같습니다. 설교를 통해서 성도들이 하나님을 만나고 하나님의 음성을 듣는다면 변화가 일어나겠지요?"

"그러지 않겠나? 난 임 목사가 훌륭한 설교자로 새롭게 되기를 축복하네."

"감사합니다. 더욱 진지한 노력을 하겠습니다. 그런데 선배님. 기왕 설교에 대한 얘기가 나온 김에 더 여쭈어 보고 싶은 게 있는데요. 여러 선배님들이 '설교에는 복음이 핵심이다. 복음을 설교하라.' 그런 말씀을 하시는 것을 들었는데, 선배님께서는 어떻게 생각하세요?"

4장
복음을 설교하라

복음을 설교하라

"맞는 말이지. 설교의 핵심은 복음이지. 그런데 임 목사는 복음이 무엇이라 생각하나?"

"예수님의 십자가와 부활 아닌가요?"

"그게 복음인 이유는 뭘까?"

"죄인이 되어 죽어 멸망할 인류를 예수님이 십자가를 지시고 대속하셨으므로 우리가 사죄의 은총을 얻게 되고, 부활의 생명으로 영생을 얻게 되었다는 소식이 바로 복음이지요!"

"좋아, 그게 복음의 핵심이지. 그런데 이 십자가와 부활 설교를 목회 중에 매일 할 수 있을까?"

"매주 또는 매일 그 설교만 할 수는 없겠지요? 그래서 모든 설교의 핵심과 결론이 예수님의 십자가와 부활을 지향하도록 해야 하는 것 아닌가요?"

"음, 좋은 이야기야. 실제로 구약조차도 예수님의 십자가와 부활을 예표로 하는 사건은 참 많이 있지. 가죽 옷을 지어 입힌 일은 한 짐승의 희생이며, 곧 예수님의 희생으로 죄가 가리워짐, 즉 사죄를 받는다는 예표라든지, 유월절 어린양의 피를 바른 집안에는 죽음이 덮치지 않고 넘어가든지, 예수님의 십자가와 부활을 엮어 설교할 수 있는 내용들이 많긴 하지. 그렇지만 모든 성경 구절을 그렇게 꿰어 엮을 수는 없을 것이야."

"그야 그렇지요. 십자가와 부활의 메시지가 설교의 중심을 구성한다는 뜻이지, 설교를 할 때 마다 그 이야기만 한다는 뜻은 아니겠지요!"

"그래, 맞아 그리고 지금까지 이야기한 것들을 포함하고, 또 하나 설교할 때 중요한 포인트가 더 있지!"

"그게 무엇인데요?"

"복음적으로 설교를 하라는 것이야, 설교는 복음적으로 해야 한다는 말이지."

"그게 무슨 말씀인데요?"

"많은 경우, 목사님들이 설교할 때, 성경에서 우리의 삶을 규정하는 윤리와 도덕 개념을 끄집어 내어 윤리 설교를 하는 경우가 참 많아! 설교가 윤리 강론이나 도덕 강론이라고 생각하는 경향이 많은 게 현실인 것 같지 않나?"

"그것도 사실이지요. 성경의 내용은 많은 윤리와 도덕을 내포하고 있고, 그리스도인이라면 윤리적으로, 도덕적으로 바르게 살아야 하는 것이니까요! 안 그렇나요?"

"맞아, 오늘날 같이 교회의 부도덕성으로 인해 사회적 지탄을 많이 받는 현실에서 윤리와 도덕적 이슈가 설교 되어야 한다는 조바심도 있는 것이고."

"그렇지요! 그리스도인들이 윤리적으로 도덕적으로 반듯하게 살아야 주님께도 영광을 돌리지요."

"그래서 강단에서 윤리와 도덕을 강론하는 경우가 많은데, 사실 설교는 윤리와 도덕 강론과는 다른 차원의 것이라네."

"무엇이 다르고 왜 달라야 하나요?"

"사람이 윤리와 도덕, 또 하나님의 법대로 살았다면, 예수님이 십자가를 지실 필요가 있었을까?"

"아! 사람은 윤리적으로 도덕적으로 율법적으로 옳게 바르게 살아야 하지만, 그렇게 살지 못하므로 용서의 십자가가 필요했고, 따라서 주님의 은혜를 설교해야 한다는 말씀이군요."

"임 목사, 자네는 깨닫는 눈치가 빠르군. 윤리나 도덕, 율법의 내용을 설교해야 하지만 그 내용을 윤리적, 도덕적, 율법적으로 설교하는 것이 아니라, 복음으로 설교하는 복음적 설교

윤리적 도덕적 설교보다
복음을 전할 때 은혜가 임한다.

가 되어야 한다는 말 일세."

"글쎄요, 제가 깨닫는 눈치가 빠르다고요? 무슨 말씀인지 감은 오는데 구체적으로 잡히지 않는 것 같아요. 구체적인 예를 들어 가르쳐 주실 수 있나요?"

"다 알면서 엄살 부리는 것 같은데, 좋아! 마태복음에 나오는 산상수훈을 예로 들어 보자고. '산상수훈은 천국 시민의 윤리, 또는 최상급 제자도이다.'라고 해석하여 설교하는 사람들이 많은데, 임 목사는 어떻게 보고 설교했나?"

"저도 그렇게 설교 했지요! 아닌가요?"

"팔복조차도 그렇게 설교했다고?"

"마찬가지 아니에요?"

"예수님은 '이러이러하면 복이 있나니'라고 하시면서 복을 선포하시고 계신데, 왜 그것을 윤리로 설교하나? 복으로 설교하는 것이 복음적 설교가 되는 것이 아닌가?"

"심령이 가난한 자는 복이 있나니 천국이 저희 것임이요."

"예수님은 그렇게 선포하셨거든. 그런데 이것을 윤리나 제자도로 설교하면 이렇게 되지. '여러분! 천국 시민은 심령이 가난한 자로 살아야 합니다.' 또는 '진정한 그리스도의 제자가 된다는 것은 심령이 가난한 자로 사는 것입니다.' 그렇게 설교하게 되겠지! 그러나 이것을 복음적으로 설교하면 달라지거든. '여러분! 심령이 가난한 자로 살아 보십시오. 그러면 천국의 복을 누리게 됩니다.' 어느 쪽이 예수님의 말씀에 가까운 설교인 것 같은가? 예수님은 여기서 율법이 아닌 진짜 복음, 곧 복을 선포하고 계셨던 것은 아닐까?"

"아, 그렇군요. 복음적 설교란 예수님의 십자가와 부활을 날마다 설교해야 하는 것을 의미하는 것이 아니라 복음의 원리, 즉 은혜와 축복의 원리로써 설교해야 한다는 말씀이군요."

"그렇다네. 종종 세례 요한의 역할로서 세상의 죄를 지적하고, 회개를 촉구하는 설교를 하는 경우가 있기는 하겠지만, 그 조차도 하나님의 은혜와 사랑의 관점에서 애끓는 사랑의 언어로 선포되어야 하고, 일반적으로는 율법으로가 아니라 은혜의 복음으로 설교되어야 한다네."

"회개를 목표로 설교하게 될 때도 율법적, 심판자적 언어가 아니라 은혜의 복음으로 설교해야 한다고요?"

"그렇지. 내가 아는 한 후배가 어떤 교회의 헌신예배강사로 초청되어 설교를 했는데, 굉장히 날카롭게 교회와 성도들의 삶에 나타나는 이율배반적 죄를 지적하고, 어마어마한 책망으로부터의 회개를 촉구하는 설교를 한 적이 있었다네. 그런데 그 설교를 들은 성도들의 나중 반응을 들었는데, '예수님 믿는 게 너무 무서워서 교회 더 못 다니겠다.'고 반응하는 사람 많더라고. 이러한 분위기를 눈치 챈 그의 사모가 자기 남편 목사에게 '당신은 뭐가 그리 완전하다고 성도들을 야단치고 겁 주냐'고, '성도들의 진정한 회개를 기대하고, 그들의 죄가 그리도 안타깝다면, 차라리 그 죄를 함께 지고 함께 울어버리든지 하지! 왜? 그렇게 공갈을 쳐서 무섭게 공포감을 주느냐!'하면서 핀잔을 하더라고."

"요즘도 그렇게 용감하게 성도들의 죄를 지적하고 책망하는 목사가 있어요? 제가 듣기에는 신선한 충격인데요? 요즘은 목사들이 성도들의 눈치를 보느라고 그런 설교를 못해요!"

"그런가? 성도들의 눈치를 보느라고 그러라는 게 아니고, 정말 인생을 불쌍히 여기는 마음으로 복음을 전해야 하지 않을까?"

"그러겠네요. 성도들 눈치 보느라 회개를 촉구하지 못하는 것도 문제지만, 회개를 촉구한다고 공포심이 날 정도로 성도들을 몰아붙이는 것도 문제일 것 같군요."

"많은 설교자들이 이 점을 잘 이해하지 못해서 성도들을 닦달하는 경우가 많은 것 같아."

"아, 그러니까! 그리스도인은 거룩해야 하고, 정직해야 하고, 윤리적으로, 도덕적으로, 흠이 없이 살아야 한다는 내용을 설교하더라도 죄의 속박이나 공포심을 부추기는 것이 아니라, 죄에 대한 해방의 언어와 은혜의 언어, 축복의 언어를 사용하여 선포하고, 이를 통해 성도들이 복음에 감격함으로써 하나님 말씀을 순종하며 지키도록 설교해야 한다는 말씀이군요."

"그렇다네. 그리고 회개를 기대하고 목표하여 설교할 때에도 단순히 지적하고 야단치는 설교가 아니라, 하나님의 은혜와 사랑을 느낄 수 있도록 설교해야 한다는 것일세. 왜냐하면 회개는 율법 때문에 이루어지는 게 아니라 은혜를 느낄 때 일어나는 법이니까!"

"아, 이제야 눈이 열리는데요! 나는 그 동안 윤리적으로, 도덕적으로, 그리고 하나님의 뜻이라는 관점에서 바르다는 진리를 가르쳐 지키게 하려고 열심히 설교해도 성도들의 변화되지 않는 모습을 보면서 제 자신이 지치는 느낌을 받았는데, 그 이유는 내 설교가 율법적으로 전해졌기 때문이라는 것을 깨닫게 됩니다. 같은 내용이라도 율법적으로 설교하지 말고, 은혜의 복음으로 설교하라는 큰 원리를 이제야 깨달았습니다. 이 깨달음이 강단에서 엄청난 변화를 일으켜 성도들의 삶을 변화시키는 동력이 될 것이라는 비전을 가집니다."

"훌륭하네, 임 목사! 기쁨으로 하나님의 뜻을 받들고 순종하게 될 성도들이 보이는 것 같네. 우리는 복음을 받은 사람들이지, 율법을 받은 사람들이 아니라는 것을 명심하게."

"선배님, 선배님의 경험에서 우러나오는 충고가 제게 엄청난 깨달음과 도전을 주고 있는데요, 설교와 관련하여 한 가지 더 여쭙고 싶은 게 있습니다."

"무얼 물어보고 싶은데?"

5장
성령으로 설교하라

성령으로 설교하라

"제가 설교를 준비하다 보면, 어떤 경우에는 영감이 충만하고, 하나님의 음성도 들리는 것 같고, 감동적으로 설교준비가 될 때가 있어 아주 행복한 경우도 종종 있었습니다."

"맞아, 말씀이 흘러내리는 것 같은 감격을 느낄 때가 있지!"

"네, 그런데 어떤 경우에는 그렇게 영감이 충만해서 설교를 준비하였는데도, 실제로 설교를 하는 날에는 죽을 쑤는 날도 있어서 허망한 느낌을 받을 때도 있었습니다."

"준비할 때는 영감이 충만했는데, 실제 설교를 할 때에 영감이 없이 설교를 하게 되는 경우가 있었다는 말이지?"

"네, 그런 경우는 왜 그런 것이고, 준비할 때의 영감이 설교할 때 그대로 전해지게 하려면 어떻게 해야 하는지 말씀해 주실 수 있습니까?"

"나도 그런 경험이 있기 때문에 임 목사가 무슨 질문을 하는지 알겠네. 그러나 우리가 아무리 준비해도 허탕치는 느낌이 들 때가 자주 있어. 그렇다고 해서 느낌이 전부는 아니니까 우선 절망하지 말아야 되고. 나도 성령 충만해서 설교하고 싶은 마음때문에 실제로 설교하기 전에 한 시간을 기도하는 일에 집중을 한다네."

"보통 오전 11시에 예배를 드리니까, 그러면 10시부터 한 시간을 기도하시고 설교에 임하신다는 말씀인가요?"

"맞아. 임 목사도 아예 강단에 엎드려 한 시간을 설교 내용을 가지고 하나님께 여쭙고, 설교 내용을 스크린하면서 기도하고, 강단에 서도록 해 보게나. 나는 그렇게 설교하면서 영감을 유지하는 노력을 했고, 축복을 누렸다네. 그러나 설교를 준비할 때, 성령 충만했다고 방심하면 실제로 설교를 할 때에는 충만하지 못한 경우도 자주 경험했어! 그래서 설교를 준비할 때 성령 충만함을 설교할 때까지 유지하고자 예배 시작 전 한 시간을 주님께 집중하고 기도하였지."

"그렇게 하니까 설교할 때에도 성령 충만하더란 말이지요?"

"그렇지. 오늘 예배에 성령님께서 임재하시고 다스려 달라고 기도하지. 설교할 때 단순한 인간의 언어가 아니라 성령의 언어로 설교하고 싶다고 간구하고, 설교 내용을 마지막으로 묵상하고 첨삭, 또는 보완할 때 가르쳐 달라고 간구하고, 설교할 때 성령님이 운행하시고 설교를 통해 주님의 뜻을 이루시라고 간구한다네."

"그러는 동안 더 깨닫게 하시거나 수정 보완하도록 감동하시기도 하던가요?"

"그렇다네. 더 깨닫게 되기도 하고, 또 다른 예화가 생각나서 더하기도 하고, 어떤 경우에는 이 내용을 생략하면 좋겠다는 영감도 오고 하면서 말씀이 내 안에 살아 움직이는 경험을 하게 되더라고. 그렇게 해도 어떤 때에는 설교가 기대하는 만큼 안 되는 경우도 물론 있어. 완벽할 수는 없지. 그러나 중요한 것은 성령 충만으로 설교하고 싶어 하는 간절한 열망을 가지고 기도하는 것이야."

"네, 선배님의 말씀 알아듣겠습니다. 당장 다음 주 설교부터는 설교 준비하면서 기도하고, 설교 전에 기도하는 일을 실행하여 보겠습니다."

"그렇게 하시게. 무언가 달라지는 교회 분위기를 느끼게 될 걸세. 성령께서 운행하시는 예배를 경험하게 되고, 확실히 달라진 성도들의 반응을 볼 걸세. 설교를 통해 성도들이 하나님을 만나게 되는 확률이 커질 걸세."

"설교가 얼마나 진지해야 하고, 설교의 영성이 얼마나 중요한가를 깨닫게 되어 감사합니다. 그런데 한편으로는 설교가 이렇게 무거운 사명이 담긴 것이라는 것을 생각하니 굉장한 부담도 느낍니다."

"임 목사는 학습태도가 좋아. 이러한 설교자의 사명과 부담을 짐으로 여기지 말고, 영광으로 여기면서 기쁨으로 짐을 져보게. 사실 우리가 하나님의 말씀 전하는 사명을 맡았다는 것이 얼마나 큰 영광인가? 나는 성령의 감동 속에서 설교를 할 때마다 너무 큰 기쁨과 감격을 누렸고, '내가 어쩌다가 하나님 말씀 전하는 것을 맡은 자의 영광을 누리는 것일까?'하고 감격했다네."

"네, 무거운 짐이 아니라, 하나님 말씀 전하는 사명 맡은 것을 영광으로 취하여 감당하도록 기도하겠습니다. 이 부분에서 선배님이 강조하시는 것은 설교가 성령님과 함께 하는 일이 되도록 기도함으로써 설교 준비할 때도 성령께서 주시는 메시지를 받고, 설교를 실연할 때에도 성령님과 함께 설교해야 한다는 말씀이지요?"

"그렇다네. 이 보게나 임 목사, 내가 그렇게 간절히 열망하면서 메시지를 받고자 기도하고, 설교가 성령으로 하는 사역되기를 간구하며 설교하다 보니, 주님도 기쁘게 격려해 주시는 것을 경험했다네."

"어떻게 격려해 주시던가요?"

"마치, '내가 네 설교 현장에서 함께 하고 역사했다.' 그렇게 말씀하시는 것처럼 표적을 보여 주시기도 하더라고."

"어떤 표적을요?"

"설교할 때마다 성령께서 함께 하시는 것을 느끼면서 설교하도록 기름부어 주셨고, 설교하는 것 자체가 감격스럽게 하셨는데 그것만 해도 얼마나 감사한 일인가? 그런데 그 성령께서 함께 하셔서 보이는 표적도 주시더라니까?"

"그게 무엇이냐고요?"

"설교가 끝나 강대상에서 내려가면 내 설교 중에 회개했다는 사람도 있고, 대단한 희망을 보았다는 사람들 있고, 또는 비전을 보았다고 고백하는 사람도 있고, 더 중요한 표적은, 설교 듣는 중에 병 고침을 받았다고 간증하는 사람들을 자주 보는 것이야!"

"육체의 질병이 치유되었다고요? 목사님께서 치유설교를 자주 하시나요?"

"아니, 치유의 주제가 아니고 일반적 주제였는데 그렇더라고!"

"예를 들어 어떤 일들이 있었는지 간증해 주실 수 있나요?"

"하도 많았었는데 어느 것을 예로 들까? 음, 한남대학교 교수 수련회를 예로 들어야겠군. 한번은 한남대학교 교수 수련회의 강사로 갔던 적이 있었어. 물론 학교 당국이 주최하는 모임이 아니고, 교수들의 무슨 한 그룹에서 주최한 것이어서 규모는 큰 것이 아니었고, 청원에 있는 어느 가톨릭 수양관에서 모였었는데, 약 30명 정도의 모임이었어. 금요일 오후에 개회하여 토요일 오전에 마치는 일정이라서 세 차례 정도 설교를 할 수 있는 모임이었지."

"대상은 전부 교수님들이었나요?"

"그랬지"

"일단 지성적인 분들이 대상이었네요!"

"그랬어, 일단 금요일 오후 첫 시간에 창세기 12장 1-4절 말씀을 가지고 '너는 복이 될지라'라는 설교를 했지. 설교를 하려고 단에 섰는데, 약 30명 정도가 모여 있기에 '교수님들께서 많이 모이시는 줄 알았더니 작은 모임이군요! 그러면, 의자가 개인용 의자이니 각자 들고 일어나셔서 빙 둘러 앉으십시다. 그리고 저도 앉아서 설교하겠습니다.' 그렇게 제안하고 둘러앉아서 설교를 하게 되었지."

"지성적인 분들과 앉아서 이야기 나누듯이 나긋나긋하게 설교를 하실 생각이었나 보네요?"

"눈치가 빠르네. 임 목사. 교수들을 앉혀 놓고 제스처를 크게 휘저을 일이 무엇인가? '믿으면 아멘 하시오!' 하고 큰 소리칠 일이 있겠는가? 싶어서 부드럽게 성경의 진리와 우리의 삶에 대해 이야기 했지!"

"그래서요?"

"그런데 첫 예배가 끝나고 나자, 그 자리에서 한 50대쯤 되어 보이는 여 교수님 한 분이 먼저 벌떡 일어나더니. '죄송한데요. 제 간증 좀 듣고 일어나세요!' 하면서 우리를 다 앉게 하는 거야. 그 바람에 일어나려던 사람들이 다 앉았지. 그랬더니, 그 교수님께서 말하기를 '여러분 제가 몸이 아파서 이번 학기 간신히 끝내고 요양생활을 하려고 휴직계를 낸 것을 다 아시지요? 그런데 이제 휴직계를 반납해도 될 것 같습니다. 오늘 설교말씀을 듣는 동안 제 병이 다 나았습니다.' 하고 감격해서 간증을 하는 것이야."

"무슨 병인데요?"

"그게 나도 궁금해서 물었지? 그런데 '그건 물으실 필요가 없습니다. 저는 종합병원이었습니다.'라고 대답하더라고."

"종합병원이라고요? 몸의 여러 군데가 아팠던 모양이네요? 그래도 외과, 또는 내과 쪽으로 구분은 되지 않을까요?"

"내과 쪽이라 하더라고. 간, 신장, 심장 등 여러 군데가 망가져 가는 병인가 봐!"

"치유 기도를 해 주신 것도 아니었고, 치유 설교를 하신 것도 아니었는데, 목사님 설교말씀을 듣다가 나았다고요?"

"그래, 그랬데! 그리고 그날 저녁에도 역시 둘러 앉아서 누가복음 11장 1–13절을 가지고 '사랑의 중보기도'라는 설교를 하게 되었어. 설교를 모두 마치고 예배가 끝나자, 이번에는 한 남자 교수가 우리를 붙들어 앉히더라고."

"이번에는 남 교수님의 간증이었나 보죠?"

"그랬어. 그 교수님 왈, '사실은 저도 첫 시간 설교 중에 치유를 받았는데, 저는 의심이 많아서 즉시 간증하지 못하고 지금까지 계속 확인한 뒤에 간증을 드립니다. 여러분. 아시다시피 저는 무릎 관절통으로 운전도 못하고 걷기도 고통스러워하는 것 아시는지요? 그런데, 목사님의 오후 첫 시간 말씀을 듣는 중에 무릎이 치유되었습니다. 그러나 의심이 많아 즉시 간증을 못했고, 예배 후에 저녁 시간까지 뒷산을 오르내리며 무릎 통증이 사라진 것을 확인하고, 또 확인하고 했는데, 통증이 완전히 사라졌습니다. 할렐루야!'하며 외치더라고."

"아니 교수님들이 그렇게 은혜를 받았어요?"

"성령님께서 하시는데 누군들 은혜를 받지 않겠나? 그리고 다음날 토요일 오전에 한 차례 더 설교를 하고 수련회를 마쳤는데, 다들 너무 아쉽다고 내년에 한 번 더 모실 테니 와 달라고 하더라고."

"다음 해에 또 가셨어요?"

"그랬지. 그 요양생활하려고 휴직계 냈던 분은 휴직계를 반납하고 교수하고 있다면서 아주 반갑게 맞아 주더군."

설교를 선포하기 전에 반드시
기도를 통해 성령 충만의 역사를 간구하셔야 합니다.

저를
믿으셔야
합니다

HOLY
Counselor

"두 번째 수련회에서도 치유사건이 있었나요?"

"두 번째 갔을 때에는 그런 간증 안 나오던데. 그 대신 '이 교수들이 다 누구인가?', '여러 다른 교회의 장로요! 권사요! 집사들이 아닌가?' 그 덕에 한동안 대전 여러 장로교, 감리교, 침례교 교회에서 초청 받고 설교하며, 여러 교회를 돌게 되었는데, 그 때도 치유의 간증이 나오더라고."

"한두 번의 경우가 아니고 자주 그런 간증이 나온 모양이네요?"

"설교할 때마다 치유 간증이 나오는 것은 아니지만, 나중에는 일상적인 일처럼 되더라고. 치유가 전부는 아니지만, 치유 설교가 아닌데도 육체에 있는 질병의 치유까지 일어난다는 것은 성령께서 설교 현장에서 함께 하신다는 확신을 갖게 해 주었고, 설교자의 영광을 느끼게 해 주었다네."

"선배님은 특별한 은사가 있었던 모양이네요?"

"특별한 은사라고? 이 봐! 이것은 은사가 아니고 성령의 역사야! 내가 받아서 사용하는 은사가 아니라고. 나는 성령으로 설교하기를 간절히 사모하는 마음으로 기도하면 성령께서 함께 하셔서 역사하시는 것이지! 내가 은사를 받아서 나만 그렇게 하게 되는 것이 아니라고. 은사라고 말하니까 생각나는데, 임 목사와 똑 같은 얘기를 하던 목사가 있었어."

"누가 무슨 말을 했어요?"

"내 초등학교 동기생 중에 감리교 목사가 된 친구가 있었지. 당시 그 친구가 연무중앙교회 담임으로 있을 때인데, 자기 교회에 와서 한 번 부흥회를 인도해 달라고 부탁하기에 부흥회 강사로 갔었지."

"거기에서도 치유간증이 나온 모양이군요?"

"눈치는 빠르네. 하하!! 맞아 그랬어! 총 일곱 차례 설교를 하는 집회였는데, 치유설교는 한 번도 안 했는데, 7명이 병 고침을 받은 간증을 하더라고."

"설교를 한 번 할 때마다, 한 명씩 치유를 받은 모양이네요?"

"꼭 그랬던 것은 아니고, 하여튼 전체적으로 그 집회 때 말씀 듣다가 고침 받은 간증을 한 분이 일곱 명 나왔어. 그렇게 되자, 내 친구 목사가 내게 묻더군. '아니 이 목사 특별한 은사가 있네! 치유 설교도 아니고 치유 기도를 해 주는 것도 아니고, 안수를 해 주는 것도 더욱 아닌데, 말씀을 듣다가 병 고침 받는 자가 자주 나오니 그것은 무슨 은사야?' 그렇게 묻더라고."

"저랑 똑 같은 질문을 하셨군요? 그래서 뭐라고 답하셨습니까?"

"이것은 은사가 아니야! 나는 몰라. 내가 치유하고자 해서 하는 것이 아니고, 내가 받은 은사도 아니고, 나는 다만 설교를 준비할 때부터 하나님이 말씀하시고 싶은 메시지를 주시라고 기도하고 성령의 감동을 따라 설교가 준비되면, 설교 현장에 성령님께서 임하셔서 주님의 뜻을 이루시라고 기도하고, 성령으로 설교하고 싶다고 간절한 기도와 함께 강단에 설 뿐이야. 내가 치유를 위해서 특별히 하는 것은 없지 않은가? 하나님이 함께 하시는 것뿐이야. 친구! 자네도 성령을 더 사모하면서 기도하며, 조금만 더 진지하게 설교를 해봐! 그렇게 대답해 주었어."

"저에게도 그렇게 말씀하시려는 것이지요?"

"이 사람아, 다시 말하지 않을 테니 그런 줄 알아. 그러고 부흥회가 끝나 돌아왔는데, 약 3개월 지나 친구 목사로부터 전화가 걸려왔어. '이 목사, 너무 감사해. 이 목사에게 도전 받아서 나도 설교 전에 더 진지하게 기도를 많이 했더니, 지난 주부터 내가 설교하는 시간에도 말씀 듣는 중에 병 고침을 받았다는 간증이 나오기 시작해.'라고 기뻐하면서 전화하더라고."

"그 목사님도 같은 은사를 받은 모양이네요?"

"이 사람, 은사가 아니라니까! 사모하면서 진지하게 기도하는 설교자와 함께 하시는 성령님의 역사지, 은사는 아니야. 임 목사도 조금만 더 진지하게 메시지를 구하고, 성령으로 설교하기 위하여 기도해 봐. 성령님께서 함께 하시는 것을 경험할 거야. 그러나 오해하지는 말라고."

"뭘 오해하지 말라고요?"

"'설교 시간에 말씀 듣다가 병 고침을 받는 일이 일어나야 성령님께서 함께 한 것이다.'라는 그런 교리를 만들지는 말라고. 성령님께서 역사하셔서 우리의 속 사람을 보이지 않는 곳에서 변화시키시는 일이 더 중할 테니까."

"네. 선배님 알겠습니다. 그런데 지금 제 마음에 엄청나게 무거운 짐이 쌓이는 것 같습니다."

"어허, 이것은 짐이 아니라 영광이라니까!"

"네, 설교자의 영광을 취하겠습니다."

"그러게나. 교회의 전반적인 분위기도 달라질 걸세."

6장
주제 설교 강해 설교

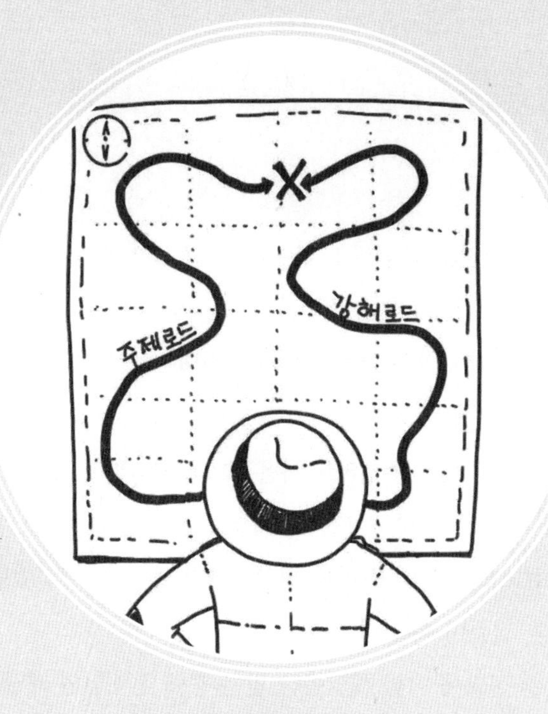

주제 설교
강해 설교

"선배님, 질문하는 중에 조금 더 하고 싶은데요. 설교는 주제 설교가 좋은가요? 강해 설교가 좋은가요?"

"나는 임 목사가 성경 연구를 착실히 하고, 기도와 묵상으로 하나님께 물어 현재적 메시지를 받아 설교하는 영성을 얻길 원해. 그리고 어떤 주제라도 복음적으로 해석하고 복음적으로 요리된 설교를 통해, 성도들이 기쁨으로 하나님을 따를 수 있도록 설교의 복음적 원리를 깨달으라고 말해 주고 싶었던 것뿐인데, 질문이 계속 더 나아가네!"

"기왕 설교에 대한 깨달음을 받는 중에 선배님의 깨달음을 최대한 취하려는 욕심이지요!"

"주제 설교냐? 강해 설교냐? 둘 다 좋지."

"그래도 하나를 택한다면 어느 쪽이 더 좋은데요?"

"주제 설교와 강해 설교의 차이점이 무엇이라고 생각하나?"

"강해 설교는 먼저 주어진 성경(텍스트)에서 출발하여 오늘의 상황(콘텍스트)에 주시는 메시지를 찾아 전하는 것이라면, 주제 설교는 오늘의 컨텍스트에서 출발하여 이 상황에 주시는 하나님의 말씀은 무엇일까를 찾아내서 전하는 설교라고 보아야겠지요?"

"그렇지. 설교란 강해 설교든 주제 설교든 기록된 성경(Text)과 오늘의 상황(Context)이 만나는 자리에서 하나님의 메시지를 듣는 것은 동일한데, 접근법이 텍스트에서 콘텍스트를 보느냐, 아니면 콘텍스트에서 텍스트를 보느냐의 차이이거든."

"그러면 생각해 봐. 설교자로서, 또는 설교 준비자로서 어떤 차이가 있겠는가?"

"어떤 차이가 있을까요?"

"주제 설교를 한다고 생각하면 먼저 현재 상황을 분석하고 이해하는 것이 중요하겠지. 여기서 현재 상황이란 국가와 사회의 현실에 대한 이해도 필요하거니와, 사실 목회자는 성도들의 삶의 상황의 관점에서 현재를 깊이 이해하는 일이 필요하겠지?"

"사실 목회자에게 설교는 국가와 사회라는 커다란 담론보다도 성도들의 삶의 현장이라는 구체적이고 일상적인 담론이 더 필요한 것이 아닐까요?"

"옳은 말이야. 때로는 국가와 사회적 차원의 담론으로서 예언자적 메시지가 필요하기도 하지만, 목회자의 설교는 오히려 구체적인 삶의 정황 속에서 씨름하고 있는 성도들의 삶에 대한 이해와 그들을 돕고 축복하고 일으키려는 간절함으로써 설교해야 하는 경우가 더 많다고 봐야지."

"그래서 주제 설교는 현재 우리의 삶을 규정하는 사회와 현실적 삶의 과제를 이해하고, 이에 상응하는 하나님의 생각과 의중을 물어 묵상하고 기도하여 받는 메시지를 전하는 것이 되어야 하겠네요?"

"거기에 비해 강해 설교는 성경이라는 텍스트를 먼저 이해하고, 이 성경적 진리라는 프리즘을 통해 오늘의 상황을 보는 것이지. 하나님의 뜻이 오늘 우리의 현실에서 어떻게 실천되어야 하는지, 어떻게 하면 우리가 삶을 성경적 삶으로 살 수 있는지를 물으며 대답을 추구하는 것이지."

"그렇지요. 그러면 어느 쪽이 저 같은 젊은 목회자에게 더 나은 방식일까요?"

"가치로 따지면 '주제 설교냐? 강해 설교냐?'의 경중이 따로 없다고 해야지. 사실 주제 설교도 반드시 성경 본문을 해석하

강해 설교가 기본이 되어야!!!

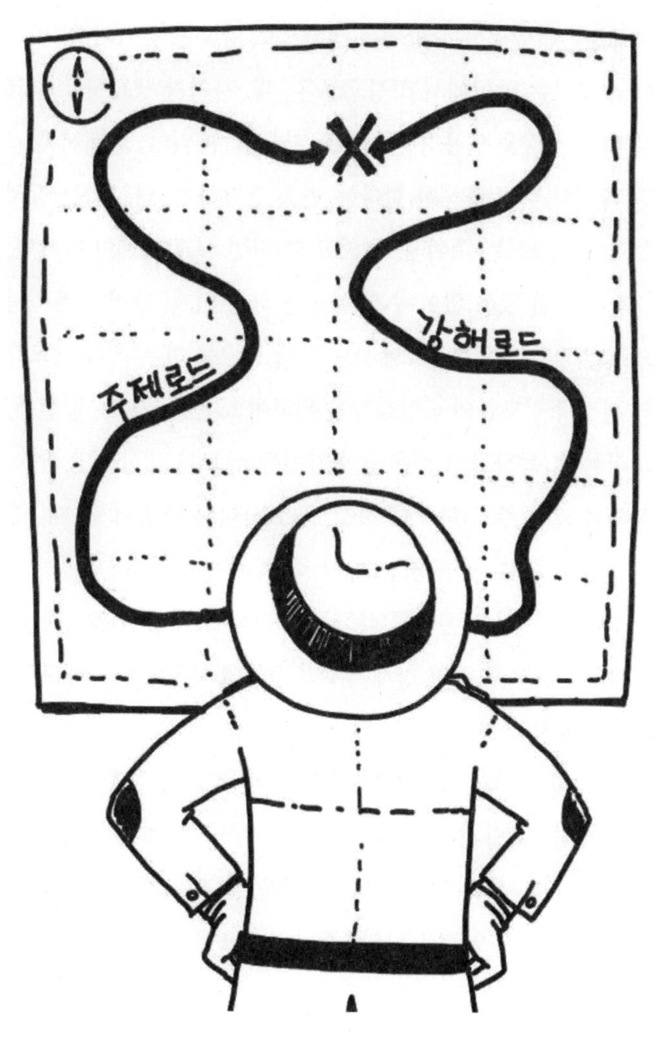

고 성경 말씀에서 나와야 하기 때문에, 언제나 강해라는 요소가 들어가기 때문에 큰 틀에서 모든 설교는 다 강해 설교라고 할 수 있어! 하지만 작은 틀에서의 강해 설교는 성경에서 상황으로, 주제 설교는 상황에서 성경으로 향하는 것이니까, 미숙한 설교자는 상황에서 성경으로 갈 때, 자기가 생각하는 설교를 위해 성경을 인용하는 정도로 사용할 수 있어. 그래서 설교자 자신이 더 성장해야 한다는 면을 생각하면, 나로서는 강해 설교를 권장하는 쪽이지. 그리고 단 한번 설교를 해야 한다면, 그것은 말할 것도 없이 주제 설교를 하게 되지. 그러나 계속적으로 설교하는 목회설교에서는 강해 설교를 하는 쪽이 설교자의 성장과 성도들의 신앙성장을 위하여 도움이 된다는 말일세. 그래서 임 목사같이 젊은 목회자에게 설교를 권한다면, 먼저 강해 설교를 주로 하도록 하고, 필요하다면 영감이 올 때, 주제 설교도 할 수 있을 것일세."

"그렇다면 강해 설교를 하도록 노력해 보아야 할 것 같은데요. 강해 설교를 하면 창세기부터 요한계시록까지 차례로 해야 하겠지요?"

"반드시 그렇게 해야 한다는 것은 아니야. 한 번은 구약, 한 번은 신약, 그렇게 하면 무난하겠지. 구약 한 책을 설교했으면, 그와 연관성이 깊은 신약 한 책을 설교하고, 설교할 때마다 기도하면서, 영감을 따라, 주님의 인도를 받아가면서 진행하면, 설교자 자신도 성장하고 성도들도 신앙과 인격이 훨씬 더 성숙하게 성장하게 될 것이라고 생각되네."

"구약이든 신약이든 한 책을 시작하면 차례로 해 나가는 것이지요?"

"그야 그래야 되겠지? 하지만 도중에 주제 설교를 해야 할 때도 있겠고."

"차례로 설교를 하게 되면, 다음 주일의 본문이 정해져 있으므로 '무슨 설교를 하겠구나?'하고 성도들이 짐작하고 지루해 하지 않을까요?"

"지루해 할 수도 있고, 기대감도 있다고 볼 수도 있고, 그것은 설교자가 하기 나름이지."

"성도들이 지루해 하지 않고, 기대감을 갖게 하는 비결은 무엇일까요?"

"앞부분에서 말했던 것처럼 강해 설교라고 해서 강해, 또는 해설만으로 설교하는 것이 아니라, 하나님께 메시지를 받아서 설교하려는 노력을 지속하면, 설교가 늘 신선하고 도전이 된다네. 해 아래 새것이 없지만, 늘 새롭게 하시는 분은 하나님뿐이거든. 하나님의 음성이 들려오면 지루할 시간은 없고, 그저 감동과 설렘만이 있을 뿐이지. 살아계신 하나님의 음성을 듣게 되면, 모든 것이 새롭게 들린다네. 그래서 다음 주 본문이 예상되니까 성도들이 다음에는 어떤 말씀이 본문에서 선포

될지 자신들이 성경을 먼저 다시 읽고 기대감을 갖게 된다네.”

“중요한 것은 설교가 해설, 즉 강해뿐이 아닌 진짜 설교가 되어야 하는 것이네요. 설명이 아니라, 강해 설교가 되어야 하는 것이지요?”

“그렇다네, 많은 설교자가 강해 설교를 한다면서 성경 말씀을 열심히 연구하면서 강해하는 것에만 열을 올리지. 그렇지만 대부분의 설교가 살아계신 하나님의 현재적 음성을 들려주어야 하는 설교가 되지 못하므로 지루하게 만들어 버리는 것일세. 강해 설교란 강해라는 지적 작업에 설교라는 영적 작업이 만나야 하는 것이지.”

“그런데 저도 강해 설교를 시도는 해 보았는데, 강해 설교를 하다 보면 성경 본문을 자세히 강해하는 일에 신경쓰게 되고, 시시콜콜한 배경과 관주, 어원을 설명하는 설교로 가게 되는 함정이 있더라고요. 그래서 설교가 대체로 지적 작업에 머물고 말더라고요. 강해 설교가 설교라는 영적 작업으로 나가지 못하고, 지적 작업에 머물다 보니, 성도들이 지루해 하게 되었다는 것을 이제 알게 되네요. 강해 설교를 한다고 강해로 끝나지 말아야겠군요. 강해할 능력을 갖추고 충분히 강해할 준비는 하되, 영적 설교가 되게 하는 메시지를 받는데 힘쓰고, 성도들이 메시지를 이해하도록 돕는 차원에서 필요한 부분만 강해하면서 메시지를 전하는 설교에 더 집중해야 할 것 같네요.

제가 목사님 말씀을 잘 이해한 것인가요?"

"훌륭하네. 바로 그거야. 강해할 준비는 다 하되, 메시지 중심으로 필요한 만큼만 강해하고, 하나님께서 말씀하시고자 하는 메시지 중심의 설교가 되게 하면, 거기에 예화나 간증도 사용할 수가 있고, 융통성이 충분해 진다네. 지루하게 할 이유가 없는 것이지."

"강해 설교에서는 성경에 나오는 문맥 속의 단어 하나하나를 다 다루지 않아도 될 것 같네요. 큰 틀에서 말씀을 해설하고, 영적 메시지를 찾고 전하는 게 더 중요하겠군요?"

"강해 설교라고 해서 성경 본문 구절과 구절, 단어와 단어를 다 해설해야 한다는 부담은 내려놓아도 좋아. 큰 틀에서 바른 해석을 하고, 또 해설도 하지만 영적 메시지를 받는데 신경써야 하고, 그 메시지 중심에서 해설도 하고, 스토리를 재구성할 필요가 있다네. 강의실에서 강해를 한다면 시시콜콜 성경의 배경과 문맥, 원어를 모두 다 해설해야겠지만, 설교강단에서는 주목적이 지적 말씀 강해가 아니고 하나님의 영적 메시지고, 설교이기 때문에 메시지를 이해하는데 필요한 분량 정도를 해설할 수 있는 것이고, 영적 메시지 설교에 집중하는 것이라 생각하네."

"네, 대체로 강해 설교에 대한 감이 오는데요, 그러면 강해 설교 준비 과정에 대하여도 좀 말씀해 주시지요?"

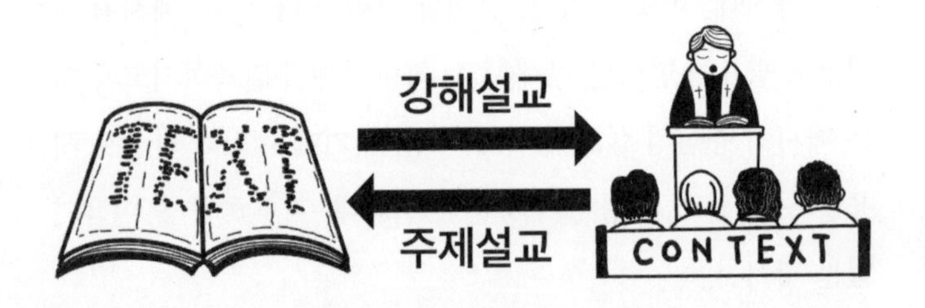
강해설교
주제설교
TEXT
CONTEXT

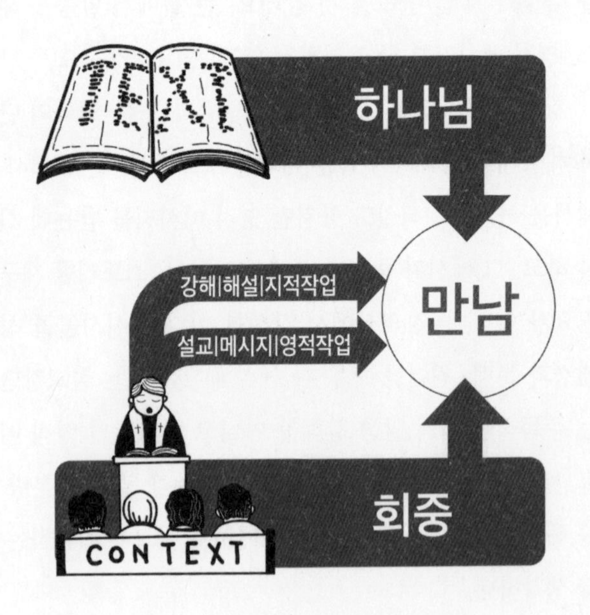
TEXT
하나님
강해|해설|지적작업
설교|메시지|영적작업
만남
CONTEXT
회중

7장
강해 설교 준비 과정

강해 설교 준비 과정

"허. 사람 참, 나는 이제 이야기를 마감하려고 하는데, 자꾸만 더 나가자고 하네. 하하! 좋아. 가는 데까지 가보지. 첫째로 주제 설교도 강해 설교도 우선 성경을 전체적으로 이해해야 하기에 전체적인 통독이 기본이 될 거야!"

"성경 66권을 통독하라는 말씀인가요?"

"물론, 성경 66권을 통독하는 게 기본이지. 평생동안 일정량을 매일 통독하도록 하고, 그렇지만 어느 한 책을 강해 설교하기로 마음 속에 정한다면, 그 책 한 권도 전체적으로 통독하는 것을 해 보아야 하지. 책의 전체적인 주제가 무엇인지? 책이 어떤 구성을 가지고 서술되고 있는지? 내용을 살피면서 전체적인 책의 흐름을 이해하는 것부터 시작해야지."

"예를 들어, 마태복음을 설교하기로 했다면, 마태복음 28장 전체를 통독하면서 전체적인 책의 구성과 흐름, 주제 등을 파악해 보라는 말씀인 것이지요?"

"맞아!"

"다음은요?"

"둘째는 정독을 하는 것이야. 한 장 한 장 말씀을 자세히 정독하면서 무슨 말씀을 하고 있는지 살펴보는 것이야."

"그 다음은요?"

"그 다음에는 객관적인 연구 작업을 해야 하지. 먼저는 말씀에 대한 배경 연구야, 어떠한 지리적 배경에서, 어떠한 시대적 배경에서, 어떠한 사회적 배경에서 이 말씀이 무엇을 의미하고 있는지 연구하고, 둘째는 문맥에 대한 연구야, 어떠한 문맥에서 이러한 말씀이 나오는지, 관주 구절은 어떤 것이 있는지, 언어가 어떤 용례로 사용된 것인지 등을 연구하고, 셋째는 원어 연구야, 말씀에 사용된 히브리어나 헬라어 원어의 용례 등을 연구하는 것이지. 그러면서 전체적으로는 귀납적으로 연구하는 게 좋더라고. 객관적으로 분석하고 종합하는 귀납적 연구를 하게 되면 훨씬 더 객관적 진리를 파악할 수 있게 되지."

"그런 방법은 이미 제가 해 오고 있는 방법입니다."

귀납적 성경 연구 방법으로 설교 준비!!!

"그렇지, 그렇게 연구한다고 했지! 아주 잘하고 있는 일이야."

"그리고 나서 말씀에 대해 연구한 것을 가지고 기도하고, 묵상하면서, 하나님의 현재적 음성을 들어보는 과정으로 가는 것인가요?"

"그렇다네. 객관적 연구 과정은 분명히 중요해. 성경 텍스트가 내포하는 원래 뜻을 먼저 이해하고, 그 말씀이 오늘날 어떻게 적용되어야 하는지를 물어야 하니까. 그러나 객관적인 진리를 알게 될지라도 그것으로부터 하나님께서 말씀하시는 현재적 의중의 메시지를 듣지 못한다면, 살아 있는 설교가 될 수 없기에 묵상과정이 대단히 중요하지. 묵상 과정을 통해 강해가 설교로 변환되는 것이야."

"이론적으로는 이제 이해를 하겠는데요. 선배님! 기왕 선배님의 말씀을 듣다 보니, 선배님께 좀 더 배워야겠다는 생각이 드는데요. 제 친구 몇 명을 모아놓을 테니, 강해 설교를 위한 성경 연구와 귀납적 성경 연구에 대해 가르쳐 주시고 코치해 주시면 어떨까요?"

"이 사람아. 자네가 이미 그런 방법으로 연구한다고 했지 않나. 그리고 내가 사역을 접었다고 하지 않던가?"

"아니, 사역이라고 생각하지 마시고, 그냥 코치만 좀 해 주세요. 제가 하고는 있지만, 좀 더 잘 할 수 있기를 바라는 마음이 있구요. 또, 후배 목회자들이 잘 할 수 있도록 돕는 것은 좋은 일이 아닙니까? 목사님. 조금만 시간을 내 주세요."

"시간이야 다 사역을 내려놓은 마당에 어려울 일은 아니지만, 나는 이제 가르치는 사역도 내려놓았다네."

"아이고, 그럼 가르치지 말고 함께 놀아주세요!"

"허, 참! 알았네. 내가 못 이기겠군. 함께 놀아봄세."

묵상
연구
정독
통독

8장
설교를 위한 성경 연구

설교를 위한 성경 연구

"오늘은 두 친구가 더 와서, 나를 포함하면 넷이 모인 것이네. 강해 설교를 위한 성경 연구에 대하여 말해 달라하니 그리해 보겠는데, 다들 잘하고 있는 것을 괜히 시간 낭비하는 것은 아닌지 모르겠네?"

"선배님은 가르치는 일은 안 하신다면서요! 우리도 좀 노는 시간이 필요하니까요. 함께 놀아만 주세요."

"그래 조 목사 말대로 노는 시간도 필요하니까! 함께 노는 핑계라도 되어주지 뭐."

"그러면 강해 설교 준비를 위한 성경 연구 과정에 대하여 나누어 주세요."

"임 목사하고는 이전에 간단히 나눈 바 있는데, 한 책을 강해하고 설교하기로 정했다면, 우선 그 한 책을 한 번에 전체적으로 통독하면서 어떤 주제가 어떤 형태로 흘러가는지를 살펴보는 일을 먼저 시작해야 하겠지."

"예를 들어, 말씀해 주실 수 있나요?"

"예를 들자면, '창세기는 천지창조의 이야기로부터 시작하여 타락한 인간의 과정과 그 이후 하나님이 선택한 아브라함의 후손들을 통하여 타락한 인간과 만나시는 하나님의 이야기가 전개되는구나.' 하고 생각하면서 파악할 수 있고, 출애굽기는 '노예생활 하던 이스라엘 백성이 애굽에서 탈출하여 광야를 건너는 과정과 그 속에서 하나님의 백성의 훈련과정을 그리고 있구나!'하는 정도의 틀에서 주제를 알아차려 보는 것이지."

"그리고나서는요?"

"이제 장면이나 주제가 바뀌는 것에 따라 큰 구조를 분별해 보고, 그 부분의 대의를 파악해 보는 일을 하게 되지. 이런 경우, 때로는 좀 더 큰 몇 장씩의 구조가 되기도 하지만 대체로 장별 구조가 되는 경우가 많지."

"그것도 예를 좀 들어주실 수 있나요?"

"자넨 꼭 예를 들어 주어야 이해가 가는 모양이군?"

"네, 제가 좀 둔해서 잘 못 알아 듣는가 봐요."

"창세기를 예로 들면, 1-2장은 창조 이야기, 3-5장은 타락과 타락한 인간 이야기, 6-8장은 홍수 심판 이야기, 9-11 홍수 후 이야기 등등, 그렇게 분별하여 보는 것이지."

"그 다음 과정은요?"

"그 다음은 큰 구조를 자세히 읽고 분석하면서 문단나누기를 하는 것이야. 이야기의 변화 내용의 변화를 따라 문단나누기를 하다 보면, 거의 내용과 뜻을 파악하게 되는 과정이 되더라고. 이것도 예를 들어 달라고 하겠지?"

"그러시면 좋겠지요!"

"창세기의 천지 창조 이야기에서도 첫째 날, 둘째 날, 셋째 날, 이렇게 문단나누기가 될 것일세."

"그 다음에는 한 문단씩 해석을 시도하는 거로군요?"

"그렇지. 한 문단씩 주해를 해 나가는 것이지."

"주해를 해 놓은 다음에는 설교로 가기 위해 묵상하면서 메시지를 받아야 하겠지요?"

"잘 아네! 좋아요, 그렇게 해 나가는 것이지."

"그럼 숙제를 내 주시면 직접 해 보도록 하지요!"

"그럼세. 처음 훈련하는 우리에게는 분량이 작고 이야기로 된 책이 문단 나누기에는 좀 쉬울 것 같으니, 룻기를 가지고 연습해 보도록 하지. 다음 만날 때까지 위에서 말한 대로 통독

강해설교를 위한 성경 연구 과정
BIBLE

하고, 큰 구조를 분석하고, 문단나누기하고, 문단을 따라 해석해 보도록 함세. 메시지를 받는 과정은 설교를 하기 위해, 영적, 직접적, 현장적이어야 하고, 각자 메시지가 조금 다르게 나올 수 있으니까 우선 주해 과정까지 연습해 보도록 하지. 숙제를 잘해야 좋은 학생이에요. 알았지요?"

"네. 최선을 다 해 보겠습니다."

"두 차례로 나누어서 연구해 보도록 하지. 우선, 다음 모임 때까지는 문단나누기까지 연습해 오고, 그 다음 모임 때까지는 주해를 하도록 하지. 첫 번째 미션을 위한 연구에 도움을 주도록 다음 질문과 제안을 사용해 보도록 하게나."

√ 미션1에 도움 되는 질문과 제안

하나, 룻기 전체를 앉은 자리에서 통독하기

주인공은 누구인가?

중요한 조연은 누구누구인가?

어떤 이야기가 전개되고 있는가?

주제는 무엇이라고 볼 수 있는가?

둘, 큰 구조를 파악해 보기

각 장은 주제 전환에 따라 바르게 나누어져 있는가?

각 장의 주제는 무엇이라고 볼 수 있는가?

그 주제를 따라 도표를 그려보아라.

셋, 세부 문단 나누기

각 장을 세부 문단으로 나누어 보아라.

각 문단의 내용에 따라 제목을 붙여 보아라.

메시지 받기
문단주해
문단나누기
큰 구조와 대의 파악
책 전체 통독

9장

릇기 예제

룻기 예제

하나, 룻기 전체를 앉은 자리에서 통독하기

주인공은 누구인가?

중요한 조연은 누구누구인가?

어떤 이야기가 전개되고 있는가?

주제는 무엇이라고 볼 수 있는가?

"그래, 룻기 연구가 재미있었는지 궁금하군. 모두 어땠나? 주인공은 누구로 보이던가?"

"마치 한편의 단막극을 보는 것 같던데요. 주인공은 나오미

같기도 하고, 보아스 같기도 하지만, 아무래도 룻이 아닐까요?"

"책 제목이 룻기이니 당연히 룻이 주인공이겠지요? 나오미와 보아스는 중요한 조연이구요?"

"그래. 조 목사와 신 목사가 말한 것처럼 주인공은 룻이 맞겠지! 그러면 본문에서 어떤 이야기가 전개되고 있다고 파악했는가?"

"이방 여인 룻이 어떻게 다윗의 혈통과, 나아가 예수님의 혈통을 이어가는 역사에 편입되고 있는가를 연극처럼 구성하고 있다고 생각됩니다."

"그렇다면, 주제는 무엇이라고 보았는가?

"이야기의 전개는 나오미가 약속의 땅 가나안을 버리고 떠나서 망하고, 다시 약속의 땅에 돌아오는 이야기로 시작됩니다. 흡사 돌아 온 탕자의 이미지가 강해서 그 메시지가 주된 내용이 아닐까? 생각도 했었는데, 주인공이 룻이고 보면, 주제가 그게 아닌 것 같기도 하거든요?"

"주제 선별이 어렵던데요. 룻의 개종이라고 보기에도 그렇고, 룻의 시어머니인 나오미에 대한 순전한 사랑때문에 룻이 하나님께 보상받는다는 이야기가 주제일까요?"

"다윗의 혈통에 편입되는 이방 여인 룻 이야기가 줄거리이므로, 다윗 왕조에 이방 여인도 중요하게 편입되고 있다는 것을 강조하는 것일까요? 아니면, 더 나아가 메시야 혈통에 이방 여인 룻이 편입되고 있음을 강조하고 기록한 것은 아닐까요? 그렇다면, 룻의 개종이나 하나님의 이방인에 대한 포용이 주제가 될 것인지요?"

"이 양반들 보통이 아니구먼, 주제가 될 만한 내용은 다 나온 것 같아. 일단 이 책의 줄거리는 룻이 주인공이므로 룻의 착한 마음씨와 그에 대한 보상이라는 주제가 흐르는 것으로 보고, 맨 마지막을 다윗의 족보로 마감하는 것을 볼 때, 그 속에는 이방 여인을 다윗 혈통, 나아가 예수님의 혈통에 편입시키는, 이방인을 포용하시는 하나님의 섭리라는 이중적 주제가 있다고 볼 수 있지 않을까 싶네."

"그렇다면 주제를 한마디로 뭐라고 요약하지요?"

"누가 요약해 보겠나?"

"'룻의 나오미에 대한 헌신과 하나님의 이방인에 대한 포용과 구원의 사랑'이라는 이중적 표현을 써야 할 것 같은데요?"

"임 목사가 잘 표현한 것 같네. 그렇다면 큰 구조를 살펴보고, 또 큰 단원마다 대의를 살펴보라고 했는데, 어떻게 보이던가?"

"제가 보니까 1, 2, 3, 4장이 그대로 한 단원씩을 이루고 있는 것으로 보이구요. 1장은 인간의 실패, 2장은 그 인간의 실패를 사용하시는 하나님의 섭리, 3장은 인간 편에서의 적극적

룻이 어떻게 다윗의 혈통과 나아가
예수님의 혈통을 이어가는 역사에 편입되고 있는가?

인 반응, 4장은 하나님 섭리의 성취와 영광을 보여준다고 생각됩니다."

"신 목사가 성실히 살펴보았구먼. 아주 좋은 발견이야."

둘, 큰 구조를 살피고 대의를 파악해 보기

1장 인간의 실패

2장 그 인간의 실패를 사용하시는 하나님의 섭리

3장 인간 편에서의 적극적인 노력

4장 하나님의 멋진 성취와 영광

"다른 사람들도 같은 시각인가?"

"네. 비슷하게 보았습니다."

"그러면 문단나누기를 해보라고 했는데, 1장 문단나누기는 임 목사가 말해 보지?"

"네, 제1장은 엘리멜렉 가문의 실패 이야기가 나오는데요. 룻기 1장 1-5절은 엘리멜렉의 '내려감의 실패'라고 하겠지요. 하나님의 약속의 땅에서 기근으로 어려운 세월을 만났다고 하여 약속의 땅을 버리고 이방인의 땅인 모압으로 간 것은 엘리멜렉의 실패라는 것이지요! 1장 6-7절에서는 나오미가 원래의 자리로 돌아가는 결단을 합니다. 그래서 '원래의 자리로 돌아감'이라고 이름 붙일 수 있겠지요! 1장 8-14절은 오르바가 시어머니 따라 모압 땅에서 출발했으나 '되돌아 섬'을 보여 주지요. 1장 15-18절은 룻의 '되돌아 서지 않는 결심'을 보여 주지요! 그리고 1장 19-22절은, 결국 나오미가 '빈손으로 고향에 돌아옴'을 이야기하고 있습니다."

셋, 문단나누기

문단나누기를 하면서 문단 이름을 붙여보기

제1장 인간의 실패

1:1-5 엘리멜렉, 내려감의 실패

1:6-7 나오미, 원래의 자리로 돌아감

1:8-14 오르바, 되돌아 섬

1:15-18 룻, 되돌아서지 않는 결심

1:19-22 나오미, 빈손으로 돌아옴

"원더플, 심플하고 명료하게 문단나누기를 아주 잘 한 것 같네요. 저도 비슷하게 나누게 되었습니다."

"저도요."

"세 사람 모두 비슷하게 문단나누기가 되었다고?"

"네, 다 일치합니다."

“좋아, 나도 그렇게 보았지! 그럼 제2장은 조목사가 이야기 해봐.”

“네, 제2장에서는 이제 보아스가 등장하고, 보아스가 주인공처럼 나오는데요. 2장 1-7절은 룻이 우연히 보아스를 만나는 장면이 그려지지요. 즉 ‘룻이 보아스를 만남’이고 2장 8-16절은 ‘보아스가 룻을 선대함’의 장면이지요. 2장 17-23절은 ‘룻이 보아스 밭에만 머물기’ 이지요.”

제2장 하나님의 섭리

2:1-7 보아스를 만나는 룻

2:8-7 룻을 선대하는 보아스

2:17-23 보아스의 밭에만 머물기

“좋아요. 아주 훌륭해. 3장은 신 목사가 설명해 보지?”

“제3장은 이미 살펴본대로 인간편에서의 적극적인 반응을 보여 주는데, 3장 1-5절에서는 보아스를 룻의 배우자로 끌어당기는 ‘나오미가 룻에게 권고한 구애전략’이 나오고 3:6-14절은 ‘구애전략을 수행하는 룻’의 이야기가 전개 되고, 3:15-18절은 ‘보아스의 긍정적인 응답’이 진행됩니다.”

제3장 인간 편에서의 적극적인 반응

3:1-5 나오미가 룻에게 권고한 구애전략

3:6-14 구애전략을 수행하는 룻

3:15-18 보아스의 긍정적인 응답

"훌륭해요. 그러면 4장은?"

"4장은 선배님이 발표하시지요?"

"그래. 다들 한 장씩 했으니, 이제 내 차례인가? 그래 그러면 내가 살펴본대로 이야기 하지."

"4장은 하나님의 섭리의 성취라고 보겠는데, 4장 1-12절은 '법적 절차를 시행하는 보아스'의 이야기이고, 4장 13-17절은 '룻과 보아스의 결혼 성사'이야기이고, 4장 18-22절은 '다윗의 조상이 되는 룻'에 대한 이야기로 마감하지요."

"네 훌륭하세요. 선배님."

제4장 하나님의 성취

4:1-12 법적 절차를 시행하는 보아스

4:13-17 룻과 보아스의 결혼 성사

4:18-22 다윗의 조상이 되는 룻

“고맙네.”

“문단나누기를 하다 보니, 이 책의 내용이 어느 정도 파악이 되고, 무엇을 이야기 하는지 알 것 같아지던데요!”

“그렇지. 문단나누기를 하다 보면, 결국 성경 자체를 여러 번 읽게 되고, 전체적인 구조와 대의가 파악되고, 벌써 많은 것을 알게 되지. 이제 주해를 시작할 수 있게 되는데, 배경 연구, 관주 연구, 원어 연구 등을 해 가면서 한 문단씩 주해를 써 내려가 보도록 하지. 다음 모임 때까지 룻기 전체 주석을 써 가지고 만나는 것으로 하고, 오늘은 이만 마칠까?”

10장
룻기 주해하기

룻기 주해하기

"자 그럼 오늘은 이미 예고했던 대로 각자 룻기를 연구하고 주해한 것을 나누어 보도록 할까? 제1장 제1문단을 조 목사가 나누어 볼까?"

룻기 1장 1절, "사사들이 치리하던 때에 그 땅에 흉년이 드니라 유다 베들레헴에 한 사람이 그의 아내와 두 아들을 데리고 모압 지방에 가서 거류하였는데," 룻기 1장 2절, "그 사람의 이름은 엘리멜렉이요 그의 아내의 이름은 나오미요 그의 두 아들의 이름은 말론과 기룐이니 유다 베들레헴 에

브랏 사람들이더라 그들이 모압 지방에 들어가서 거기 살더니." 룻기 1장 3절, "나오미의 남편 엘리멜렉이 죽고 나오미와 그의 두 아들이 남았으며" 룻기 1장 4절, "그들은 모압 여자 중에서 그들의 아내를 맞이하였는데 하나의 이름은 오르바요 하나의 이름은 룻이더라 그들이 거기에 거주한 지 십 년쯤에" 룻기 1장 5절, "말론과 기룐 두 사람이 다 죽고 그 여인은 두 아들과 남편의 뒤에 남았더라"

"네. 우선 배경을 살펴보니, 룻기서의 배경은 사사시대입니다. 그래서 사사시대의 특징이 '무엇일까?'라는 관점에서 사사기를 읽어 보았습니다. 그러다가 사사기 맨 마지막 멘트에 다음과 같은 말씀이 있었습니다."

"그 때에 이스라엘에 왕이 없으므로 사람이 각기 자기의 소견에 옳은 대로 행하였더라(삿 21:25)"

"이 말씀을 읽고 사사시대에는 분명한 통치자나 지도자가 없으므로 사람들이 각자 생각하는 대로 살아가는 분위기였음을 알게 되었고, 이러는 중에 기근이 들자 각자도생으로 기근 중에 살 궁리를 하였기에 엘리멜렉 일가가 홀로 이방인의 땅으로 나아가게 된 것 같았습니다. 그런데 엘리멜렉 일가는 살길을 찾아 모압 땅으로 갔는데, 결과는 인생의 실패요, 저주의 땅으로 간 셈이 되었습니다. 모압 땅에서 엘리멜렉 자신이 제

명에 못 살고 일찍 죽었고, 두 아들도 거기서 결혼했지만, 오래 살지 못하고 둘 다 죽었습니다. 약 10년 어간에 나오미와 두 며느리, 여인만 셋이 남고 남자들은 다 죽어 버렸습니다. 그들은 굶어 죽은 것 같지는 않고, 다른 이유로 죽은 것 같습니다. 하나님의 보장을 받지 못한 인생이었던 것 같거든요."

"그래서 문제가 무엇일까? 생각해 봤습니다."

"첫째, 문제는 가나안을 떠나 모압으로 간 것이 불신앙의 행위였다는 것입니다. 우선, 관주 성경을 찾아 보았지요."

> 창세기 12장 10절, "그 땅에 기근이 들었으므로 아브람이 애굽에 거류하려고 그리로 내려갔으니 이는 그 땅에 기근이 심하였음이라"

"창세기 12장에 아브라함 때에도 가나안 땅에 기근이 들어 아브라함도 살길을 찾아 애굽으로 내려갔던 이야기가 있는데, 애굽에 내려가서 아브라함도 자기 아내를 바로 왕에게 빼앗길 뻔하다가 하나님의 특별 보호로 위기를 벗어났고, 속히 가나안으로 복귀한 이야기가 나옵니다. 어떠한 경우라도 하나님의 약속의 땅에 거해야 하나님이 보장하시는 축복을 누릴 수 있다는 것을 발견하게 되고, 약속의 땅을 떠나는 것은 불신앙의 행위가 되어 하나님께서 싫어하시는 경우라는 것을 깨닫게 됩니다."

> 창세기 26장 1~2절, “아브라함 때에 첫 흉년이 들었더니 그 땅에 또 흉년이 들매 이삭이 그랄로 가서 블레셋 왕 아비멜렉에게 이르렀더니 여호와께서 이삭에게 나타나 이르시되 애굽으로 내려가지 말고 내가 네게 지시하는 땅에 거주하라”

“창세기 26장에는 이삭 시대에도 또 기근이 들었는데, 이때는 하나님이 이삭에게 직접 애굽땅으로 내려가지 말라고 하십니다. 이렇게 먹을 것을 찾아 생존 문제로 약속의 땅을 떠나는 것은 하나님 싫어하시는 불신앙의 행위이기 때문에, 어려움을 당해도 하나님의 보장없는 삶을 선택하면 안 된다는 것을 가르쳐 주는 교훈입니다.”

“따라서, 엘리멜렉과 나오미가 모압과 이방 땅으로 간 것은 생존을 위한 선택이긴 하였지만, 약속의 땅에서 믿음으로 머무는 삶이 더 나은 길이었는데, 생존 문제 때문에 언약의 땅을 떠나는 것은 하나님께서 기뻐하시는 일이 아니었던 것 같습니다. 그들의 선택은 생존을 위하여 하나님과의 언약을 저버린 경우가 되어 하나님의 보장 없는 삶을 살게 되다 보니, 먹을 양식은 있어도 다른 이유로 죽게 되었던 것이지요. 그리고 성경에서는 등장하는 사람의 이름도 중요하다는 이야기를 들은 적이 있어서 이들 가족의 이름을 히브리어로 확인해 보았습니다. 일종의 원어 연구를 한 것이지요.”

“엘리멜렉은 엘과 멜레크에서 유래했으며, ‘나의 하나님은 왕이시다.’를 의미하더라구요. 그리고 나오미는 ‘나의 기쁨, 나의 기뻐하는 자’를 의미하고요. 말론은 ‘병약한’을 의미하고, 기룐은 ‘낭비’를 의미한다고 되어 있더라고요. 엘리멜렉(하나님은 나의 왕)이란 이름을 지어 준 조상은 신앙적 열망을 담아 그에게 이와 같은 이름을 지어 주었으나, 엘리멜렉은 하나님의 왕권을 믿지 못하고 인정하지 않았으며, 기근때문에 생존을 위하여 약속의 땅을 버리고 이방 땅으로 감으로써 하나님의 축복을 먹을 양식과 바꾼 셈이 되었고, 두 아들의 이름도 그들이 처한 현실 그대로를 반영하여 약하고 병약하다는 뜻의 이름과 낭비라는 뜻을 의미하는 이름을 짓게 되는 불신앙과 부정적 사고를 가진 사람이었던 것 같습니다. 그리하여 자신도 일찍 죽고, 두 아들도 일찍 죽었습니다. 하나님 없는 인생은 좋은 곳을 스스로 찾아 가도 결국 패망하게 됩니다. 이와 같은 내용들은 하나님 없는 사람의 실패를 잘 보여주고 있습니다. 예전에 외우던 성경말씀이 생각났습니다.”

> 예레미아 2장 13절, “내 백성이 두 가지 악을 행하였나니 곧 그들이 생수의 근원되는 나를 버린 것과 스스로 웅덩이를 판 것인데 그것은 그 물을 가두지 못할 터진 웅덩이들이니라”

"아주 훌륭해! 이렇게 연구하고 해설을 하다 보니, 일단 보편적인 메시지도 발견되지 않나? 이 문단에서 가장 중요한 메시지는 무엇이라고 생각하나?"

"하나님을 먹을 양식과 바꾸지 말라. 그렇게 말해도 되나요?"

"와! 신 목사 멋진 표현이네."

"바로 그렇게 '하나님을 먹을 양식과 바꾸지 말라'라는 제목으로 설교를 하면 되겠어."

"임 목사. 칭찬은 고맙네. 하지만 객관적인 계시로서의 메시지는 그렇게 나오지만, 이것을 가지고 어떻게 설교해야 하는지 더 묻고 기도하면서 묵상하고, 오늘날 성도들의 삶을 묵상하면서 하나님과 먹을 양식을 바꾸는 일들에는 구체적으로 어떠한 것들이 있는지 묵상해 보고, 왜 그렇게 되는지, 그것을 어떻게 표현하고, 이와 같은 메시지를 어떻게 복음으로 전해야 하는지, 성령의 영감에 따라 메시지를 정리해 봐야지."

"신 목사 말이 맞지. 객관적 메시지가 바로 설교의 내용이 되는 건 사실인데, 그것을 그대로 던지는 것이 아니라 성도들의 삶을 돌아보고, 이해하고, 공감도 하면서, 이 메시지가 어떻게 복음으로써 성도에게 들려야 할지를 깨닫고, 살아 있는 메시지가 전해져야 할 것일세. 이번에는 신목사가 제1장 제2문단에 대해 연구한 것을 나누어 보도록 하지?"

룻기 1장 6~7절, "그 여인이 모압 지방에서 여호와께서 자기 백성을 돌보시사 그들에게 양식을 주셨다 함을 듣고 이에 두 며느리와 함께 일어나 모압 지방에서 돌아오려 하여 있던 곳에서 나오고 두 며느리도 그와 함께 하여 유다 땅으로 돌아오려고 길을 가다가"

"네, 제2문단은 짧은 구절인데요. 나오미가 떠났던 고향 가나안으로 돌아오는 결단을 보여 주는 구절입니다. 이 부분은 뭐그리 특별히 연구할 것은 없는 것 같아 보입니다. 그래서 관주 연구만 해 본 셈인데요, 여기 보면 한 여인이 등장하는데, 그 여인은 '나오미'라고 보면 되고요. 아직 모압 지방에 있을 때 여호와께서 자기 백성을 돌아 보사 그들에게 양식을 주셨다 함을 들었다고 하는데, 10년이 흐르는 동안 처음으로 풍년이 들게 했다는 이야기는 아닐 것이고, 절박하던 중에 고향에서 하나님께서 자기 백성들에게 양식을 넉넉하게 축복하셨다는 소식에 관심을 갖게 되었다는 뜻일 것입니다. 먹을 것을 찾아 약속의 땅을 버리고 떠났던 자신은 망하고, 굶어 죽을 줄 알았던 나머지 동족들에게 하나님께서 풍족함을 주셨다는 이야기는 나오미로 하여금 하나님의 약속의 땅으로 다시 돌아오는 계기가 되었다는 것입니다. 여기서 우리는 자기 백성을 돌아보시는 하나님을 만나게 됩니다. 관주를 살펴보면 더 확실

해 집니다."

출애굽기 3장 16절, "너는 가서 이스라엘의 장로들을 모으고 그들에게 이르기를 여호와 너희 조상의 하나님 곧 아브라함과 이삭과 야곱의 하나님이 내게 나타나 이르시되 내가 너희를 돌보아 너희가 애굽에서 당한 일을 확실히 보았노라"

"출애굽기 3장 16절에는 당신의 백성을 돌아보시는 하나님의 자기 계시가 있고요. 시편 111편 5절에는 자기를 경외하는 백성들에게 양식을 주시는 하나님이 계시되어 있습니다."

시편 111편 5절, "여호와께서 자기를 경외하는 자들에게 양식을 주시며 그의 언약을 영원히 기억하시리로다"

"먹고 사는 문제로 하나님을 떠났던(실제로는 하나님의 약속의 땅을 떠났지만, 결국 하나님을 떠난 것과 같은 불신앙이었음) 나오미가 백성들을 먹이시는 하나님을 생각해 냈다는 것은 신앙의 회복이 시작된 것이라고 볼 수 있습니다. 그래서 나오미는 두 며느리와 함께 고향으로 돌아가는(실제로는 하나님께로 돌아가는) 결단을 하고 떠나게 되었습니다. 이는 탕자 이야기에서 탕자가 아버지께로 돌아가는 결단을 한 것과 흡사

합니다."

누가복음 15장 17~18절, "이에 스스로 돌이켜 이르되 내 아버지에게는 양식이 풍족한 품꾼이 얼마나 많은가 나는 여기서 주려 죽는구나 내가 일어나 아버지께 가서 이르기를 아버지 내가 하늘과 아버지께 죄를 지었사오니"

"우리는 풍족한 아버지 하나님께로 돌아가야 합니다. 환경이 아무리 어려워도 하나님께 있으면 안전이요, 풍족함이지만, 하나님을 떠난 인생은 결국 보장없는 절망이라고 깨달아야겠지요. 이렇게 이상 저의 연구와 깨달음을 나누었습니다."

"짧은 문단 속에 두 가지 중요한 메시지가 들어 있네요. 하나는 자기 백성을 돌아보시고 책임지시며 풍족하게 하시는 하나님에 대한 메세지이고, 또 하나는 '하나님께로 돌아가라'는 메세지이지요."

"선배님. 이렇게 연구하다 보니 자연스럽게 메시지가 추출되는데요? 그렇다면 설교하게 될 때는 이 두 가지 메시지를 한꺼번에 설교하시나요? 아니면, 둘을 나누어서 두 번에 걸쳐 설교를 하시나요?"

"신 목사가 발견한 두 가지 메시지는 아주 훌륭해요. 그리고 임목사의 질문에 대해서는 다들 어떻게 생각하나? 두 메시지를 한 번에 설교해야 할까? 두 번에 나누어 설교해야 할까?"

"정답은 '기도하고 하나님께 여쭈어보라'이겠지요?"

"조 목사. 아주 지혜로워."

"선배님 대답은 항상 그렇게 나오는 것이 아니었나요?"

"맞지. 한 번 설교해도 메시지는 잘 연결되어 있지. 먼저 자기 백성을 먹이시고 돌보시는 하나님을 설교하고, 다음으로 하나님을 멀리 떠난 불신앙을 돌이키고 돌아오라는 설교를 이어서 해도 되고. 모두 연결은 되지만, 또 따로 두 메시지를 두 번에 나누어 설교해도 되지. 그렇지만 교회의 회중들에 대하여도 묵상하면서 어떤 메시지를 어떻게 전해야 할지 하나님께 여쭈어 보아야지. 그러다 보면, '한 번에 이어서 설교를 해야 될지, 두 번에 나누어 설교를 해야 될지, 두 메시지 중에 한 가지만 먼저 설교하고, 나머지 하나는 건너뛰어야 할지' 먼저 감을 잡도록 기도해야 되는 것일세. 여기 자네들. 세 설교자들의 설교는 모두 다 다를 수 있어. 설교는 현재적인 각자의 회중에게 하나님의 현재적 관심을 파악하고 대응하는 것이니까 말일세. 그럼 이제 제 3문단을 임 목사가 나누어 주게!"

룻기 1장 8~14절, "나오미가 두 며느리에게 이르되 너희는 각기 너희 어머니의 집으로 돌아가라 너희가 죽은 자들과 나를 선대한 것 같이 여호와께서 너희를 선대하시기를 원하며 여호와께서 너희에게 허락하사 각기 남편의 집에서 위로를 받게 하시기를 원하노라 하고 그들에게 입 맞추매 그들이 소리를 높여 울며 나오미에게 이르되 아니니이다 우리는 어머니와 함께 어머니의 백성에게로 돌아가겠나이다 나오미가 이르되 내 딸들아 돌아가라 너희가 어찌 나와 함께 가려느냐 내 태중에 너희의 남편 될 아들들이 아직 있느냐 내 딸들아 되돌아 가라 나는 늙었으니 남편을 두지 못할지라 가령 내가 소망이 있다고 말한다든지 오늘 밤에 남편을 두어 아들들을 낳는다 하더라도 너희가 어찌 그들이 자라기를 기다리겠으며 어찌 남편 없이 지내겠다고 결심하겠느냐 내 딸들아 그렇지 아니하니라 여호와의 손이 나를 치셨으므로 나는 너희로 말미암아 더욱 마음이 아프도다 하매 그들이 소리를 높여 다시 울더니 오르바는 그의 어머니에게 입 맞추되 룻은 그를 붙좇았더라"

"네. 제3문단도 특별 연구 사항은 없는 것 같았고요, 모압을 떠나 가나안으로 되돌아 가다가 나오미가 며느리들을 보고 그들의 고향으로 돌아가라고 이야기하는 이야기가 나옵니다. 나오미야 자기의 고향으로 가고 있지만, 며느리들은 오히려 고향을 떠나 타지로 가게 되는 것인데, 그리고 그들은 젊은 여인들이니 고향에 남아 재혼할 기회도 있을 것이고 하니 고향으로 돌아가라고 하는 것은 나오미로서는 매우 인간적인 배려가 아닐까 싶습니다. 그런데, 일단은 며느리들도 시어머니와 함께 가겠다고 다짐합니다. 눈물로 대답하는 저들의 안타까운 심정을 정확히 헤아리기는 어려울 것 같습니다. 이 며느리들의 대답도 참 훌륭한 인간의 정을 나타내는 것 같습니다. 홀로 된 시어머니를 버리고 간다는 것은 할 일이 못 된다고 판단하는 며느리들이니, 이는 아주 착하고 인정스러운 모습이 아닐 수 없지요. 그러자 시어머니 나오미도 며느리들이 자기의 고향으로 되돌아 가도록 재차 설득합니다. 그런데, 며느리들을 설득하는 과정에서 며느리들에게 남편이 될 자신의 아들들이 없고, 자기가 재혼하여 아들을 낳는다 해도 어찌 기다리겠느냐고 설득하는 장면이 나옵니다. 이 부분은 아무래도 배경 연구가 필요할 듯하여 확인해 보았습니다. 이스라엘에게는 결혼한 형이 후사가 없이 죽으면, 형을 대신하여 그 아우가 형수와 결혼하는 제도가 있습니다. 관주에도 나와 있는 바, 신명기 25장 5절이지요.

> 신명기 25장 5~6절, "형제들이 함께 사는데 그 중 하나가 죽고 아들이 없거든 그 죽은 자의 아내는 나가서 타인에게 시집 가지 말 것이요 그의 남편의 형제가 그에게로 들어가서 그를 맞이하여 아내로 삼아 그의 남편의 형제 된 의무를

그에게 다 행할 것이요 그 여인이 낳은 첫 아들이 그 죽은 형제의 이름을 잇게 하여 그 이름이 이스라엘 중에서 끊어지지 않게 할 것이니라"

"나오미가 이렇게 이스라엘의 제도를 언급하면서 며느리들과 결혼할 다른 아들이 없다는 것을 강조하는 것은, 젊은 여인을 평생 과부로 살도록 하는 일은 가혹하므로 자기로서는 용납이 안 되니, 며느리들에게 고향에 되돌아 가서 재혼하고 살라는 권고이지요. 그리고 이렇게 며느리들을 설득하는 과정에서 나오미 자신은 하나님께서 치셨으므로 고난을 당하는 것을 받아들이는 것 같은데, 그녀는 며느리들이 당하는 고난 때문에 마음이 아프다고 말합니다. 죄가 있으면 자기가 당해야지! 며느리들이 당하는 고난 때문에 더 괴롭다는 것이지요. 일단 이 말은 나오미 자신이 하나님 앞에 불신앙으로 득죄하여 하나님의 책벌을 받는 것이라고 받아 들이는 것으로 볼 수 있는데, 그 시대에는 민족적으로도 하나님의 책망과 처벌을 경험한 사람들이 있었던 것으로 보이며, 사사기 2장 15절에 그런 말씀이 관주로 나옵니다."

사사기 2장 15절, "그들이 어디로 가든지 여호와의 손이 그들에게 재앙을 내리시니 곧 여호와께서 말씀하신 것과 같고 여호와께서 그들에게 맹세하신 것과 같아서 그들의 괴로움이 심하였더라"

"말씀을 잘 살펴보면, 나오미는 자기가 망한 것에 대해 죄책감을 심하게 가지고 있었던 것으로 보입니다. 그러면서 며느리들까지 고난을 당하게 된 것이 마음 속에 무척 괴로운 일이었음을 토로합니다. 룻기에서 이 부분은 아주 어려운 현실적 고난 가운데서 사람 사이에 인정의 언어가 오고 가는 모습을 보여주고 있습니다. 이때에 큰 며느리 오르바는 현실적인 선택을 하여 집으로 돌아가고, 작은 며느리 룻은 그럼에도 불구하고 시어머니와 함께 가겠다고 되돌아서지 않는 모습을 보입니다. 저는 오르바의 선택도 나무랄 수 없는 현실적인 선택이라고 보았구요, 룻의 선택은 비현실적인 선택인데, 당시 그녀에게 어떤 미래에 대한 비전이 보였는지는 알 수 없고, 다만 홀로 과부된 시어머니를 버리고 갈 수 없었다는 지극한 인간적 의리와 우정을 엳볼 수 있는 것 같습니다."

"임 목사가 잘 정리해 주었는데요. 선배님. 저는 이 부분에서는 특별한 메시지를 발견하지 못하였거든요. '오르바처럼 현실적인 선택을 하라.' 그런 메시지는 아닐 것 같고, '룻처럼 비현실적일지라도 미래지향적인 선택을 하라.' 이런 것도 아닐 것 같고, 룻기 이야기가 끝날 때쯤은 룻이 미래지향적인 선택을 한 것처럼 결과는 그렇게 나오지만, 이 시점에서 룻이 어떤 비전을 가진 선택을 했다고는 말 할 수 없지 않나요?"

"신 목사의 의문도 그럴 듯한데, 이 부분에서는 그냥 나오미와 두 며느리 사이의 인간적인 대화, 적어도 며느리들의 고통을 염려하는 시어머니와 홀로된 시어머니를 버릴 수 없다는 며느리들의 인정과 진실함을 우리가 지녀야 될 인간의 도리로서 설파하는 것으로 이해할 수 있지 않나요?"

"선배님은 또 기도해 보라고 하실 것이지요?"

"이 사람들 보게. 그건 당연하지. 아무 메시지도 보이지 않는 부분에서도 주님께 여쭙고 기도하다 보면, 메시지가 들려올 수 있는 것을 잊지 말게. 조목사가 말한 대로 인정 넘치고, 서로 염려하는 배려에 대한 내용만 해도 큰 메시지가 될 것이고, 계속 기도하다가 보면 더 깊은 영적 메시지의 음성을 들을 수도 있을 걸세. 자 그럼 네 번째 문단으로 감세."

"네 번째 문단 연구는 선배님이 발표하시지요?"

"야. 신 목사. 나는 선배님일 뿐만이 아니라, 지금 여기서는 선생님이야. 선생님 보고 숙제 발표하라고 해?"

"아. 아니 내가 선생님은 아니야. 내가 발표할게."

룻기 1장 15~18절, "나오미가 또 이르되 보라 네 동서는 그의 백성과 그의 신들에게로 돌아가나니 너도 너의 동서를 따라 돌아가라 하니 룻이 이르되 내게 어머니를 떠나며 어머니를 따르지 말고 돌아가라 강권하지 마옵소서 어머니께서 가시는 곳에 나도 가고 어머니께서 머무시는 곳에서 나도 머물겠나이다 어머니의 백성이 나의 백성이 되고 어머니의 하나님이 나의 하나님이 되시리니 어머니께서 죽으시는 곳에서 나도 죽어 거기 묻힐 것이라 만일 내가 죽는 일 외에 어머니를 떠나면 여호와께서 내게 벌을 내리시고 더 내리시기를 원하나이다 하는지라 나오미가 룻이 자기와 함께 가기로 굳게 결심함을 보고 그에게 말하기를 그치니라"

"오르바는 시어머니를 떠나 자기 민족, 자기 고향으로 도중에 돌아갔고, 룻은 여전히 시어머니와 함께 가겠다고 나서자 나오미는 룻도 설득해 보았지요. 룻에게 동서를 따라 가라고 하였던 것입니다. 그러나 룻은 결코 나오미를 떠나지 않겠다고 맹세합니다. 자기가 죽는 일 외에는 시어머니를 떠나지 않겠다고 한 것입니다. 룻이 이렇게 굳게 결심함을 보고 나오미는 더 이상 룻을 설득하기를 그치고 함께 간다는 이야기입니다. 일단은 불행하게 된 시어머니를 떠날 수 없다는 룻의 의리와 사랑이 보입니다. 룻의 비현실적이지만 자기희생적인 사랑의 모습이 감동적입니다. 그러나 이 성경 이야기는 단순한 룻의 인간애만을 그리는 것은 아닌 것 같습니다. 이 부분이 특별한 것으로 보입니다."

"나오미가 오르바가 돌아갔다는 이야기를 하면서 네 동서는 '그의 백성과 그의 신들에게로 돌아가나니'라고 표현합니다. 오르바가 나오미를 떠나 고향으로 돌아간 것은 단순히 자기 민족, 자기 친척에게로 돌아간 것만이 아니고 자기 민족의 신에게로 돌아간 것이란 말이지요. 반대로 룻이 여전히 나오미를 떠나지 않는 것은 단순히 시어머니를 버리지 않고 섬기겠다는 결심을 한 것만이 아니라, 룻 자신이 말하는 부분에서 밝혀지듯이 나오미가 섬기는, 자기들은 그 동안 섬기지 않았던 여호와 하나님을 섬기겠다는 의미를 내포한다는 것입니다. 룻이 그렇게 말합니다. '어머니의 백성이 나의 백성이 되고 어머니의 하나님이 나의 하나님이 되시리니' 이방 여인 오르바나 룻이나 그들이 히브리인과 결혼했을 때에는 단순히 그 집의 며느리가 된 것만이 아니라, 믿음의 대상도 옮겨졌다는 것입니다. 그리고 룻이 끝까지 시어머니 나오미를 떠나지 않고 동행하겠다는 것은 그가 개종한 여호와 신앙을 버리지 않겠다는 것입니다. 이와 같은 내용을 확증하기 위해 그 배경을 연구하면, 그 당시에 이스라엘은 여호와 신앙을 가졌지만 이방 민족들은 각각 그들이 섬기는 신이 있었다는 것을 알 수 있습니다."

사사기 11장 24절, “네 신 그모스가 네게 주어 차지하게 한 것을 네가 차지하지 아니하겠느냐 우리 하나님 여호와께서 우리 앞에서 어떤 사람이든지 쫓아내시면 그것을 우리가 차지하리라”

여호수아 24장 15절, “만일 여호와를 섬기는 것이 너희에게 좋지 않게 보이거든 너희 조상들이 강 저쪽에서 섬기던 신들이든지 또는 너희가 거주하는 땅에 있는 아모리 족속의 신들이든지 너희가 섬길 자를 오늘 택하라 오직 나와 내 집은 여호와를 섬기겠노라 하니”

“이 부분에 나오는 룻기의 기록은 단순히 오르바가 그의 동족 그의 일가로 돌아갔다거나 룻이 그의 동족에게로 돌아가지 아니했다는 것을 의미하는 것이 아니라, 그들이 그들의 신에게로 돌아가거나 그들의 신에게로 돌아가지 않고 여호와 신앙을 지켰다고 기록하는 것인데, 이는 매우 의미심장한 내용이고, 룻의 장래에 어떠한 희망과 영광을 기대할 수 있게 하는 장면입니다. 룻의 결단, 즉 새로 선택하게 된 여호와 하나님을 섬기는 일에서 돌아서지 않는다는 굳은 의지의 신앙이 아주 중요하다는 말입니다.”

“감사합니다. 선배님. 우리와 동일한 입장에서 숙제하시고 발표해 주셔서 송구스럽고 감사합니다.”

“별걸 다 가지고 감사하네.”

“그러면 여기서 들려오는 메시지는 우선 객관적으로 ‘노 터닝 백’ 이네요.”

“신 목사님. 갑자기 영어로 갑니까?”

“그렇지 않아요. 룻이 시어머니에게서 돌아서지 않겠다는 것은 하나님에게서 돌아서지 않겠다는 것을 포함하는 이야기이므로, 이 메시지는 ‘되돌아서지 않겠네’ 하는 복음송과 같이 ‘노 터닝 백’, ‘되돌아서지 않겠네’가 메시지의 핵심이라고 보아야 하지 않나요?”

“좋아요. 일단 객관적인 메시지는 그렇게 들려오지요. 그러나 설교에서는 다시 한 번 하나님께 여쭙고 성도들의 상황을 묵상하고, 살아 있는 하나님의 메시지로 전하시기를! 자. 이제 제5문단은 다시 조목사가 발표하시게.”

룻기 1장 19~22절, “이에 그 두 사람이 베들레헴까지 갔더라 베들레헴에 이를 때에 온 성읍이 그들로 말미암아 떠들며 이르기를 이이가 나오미냐 하는지라 나오미가 그들에게 이르되 나를 나오미라 부르지 말고 나를 마라라 부르라 이는 전능자가 나를 심히 괴롭게 하셨음이니라 내가 풍족하게 나갔더니 여호와께서 내게 비어 돌아오게 하셨느니라 여호와께서 나를 징벌하셨고 전능자가 나를 괴롭게 하셨거늘 너희가 어찌 나를 나오미라 부르느냐 하니라 나오미가 모압 지방에서 그의 며느리 모압 여인 룻과 함께 돌아왔는데 그들이 보리 추수 시작할 때에 베들레헴에 이르렀더라"

"네. 이번 문단은 마침내 나오미가 룻과 함께 떠났던 고향 베들레헴에 이르렀다는 이야기입니다. 떠났던 친척, 또는 이웃이 10여년 만에 돌아오매 성읍은 떠들썩하게 나오미 이야기로 가득했던 것 같습니다. '이이가 나오미냐?' 아마도 나오미의 몰골이 고난 중에 많이 바뀌어 보였는지도 모르지요. 나오미는 몹시 부끄러움을 느꼈던 모양입니다. 그래서 '나를 나오미라 부르지 말고 마라라 부르라'고 합니다. 풍족하게 나갔다가 빈손으로 돌아온 자요, 징벌을 받아 괴로운 처지임을 고백합니다. 여기서 원어 연구를 하나 할 수 밖에 없었습니다. 히브리어로 '마라'는 '마라르'에서 유래했으며, '쓴, 괴로움'을 의미한다고 되어 있습니다. 나오미는 첫 문단에서 본 것처럼 기쁨, 또는 쾌락이란 뜻이니까요. 기쁨이 변하여 괴로움이 된 자신의 처지를 자학하는 모습입니다. 그리고는 나오미가 룻과 함께 베들레헴에 돌아 온 계절은 보리 추수가 시작되는 계절임을 언급함으로써 다음 장을 기대하게 합니다."

"선배님. 이 문단에서는 어떤 메시지로 설교하여야 하지요?"

"어떤 메시지가 보이는데?"

"나오미의 고백 속에서 하나님을 떠나서는 안 된다는 첫 문단의 메시지가 다시 반복되고 강화된다고 보아야겠지요?"

"제가 정리해 볼까요?"

"좋아요. 손 목사께서 정리해 보아요."

"나오미(기쁨)가 변하여 마라(고통)가 된 처지를 봅니다. 풍족하게 나갔더니 빈손으로 귀환하는 것을 봅니다. 하나님을 의지하는 신앙에서 떠나면 어찌되는 것인지를 봅니다. 그래서 하나님께 돌아와야 합니다. 결국 첫 문단의 메시지가 반복되고 있음을 봅니다."

"이번에는 같은 메시지라도 제목부터 좀 다르게 표현하면 어떨까요?"

"어떻게?"

"마라가 변하여 나오미가 되게 하자"

"뭐, 이렇게 긍정을 향하여 가는 것이지요."

"그래요. 조 목사의 제안이 좋은 것 같네. 결국 하나님께 돌아오고 바른 신앙의 자리로 돌아와야 함을 한 번 더 강조하여 설교하게 될 것 같군. 그래. 좀 쉬었다 할까?"

"아까 앉은 대로가 아니고 자리를 바꾸어 앉았나? 그럼 이번에는 임 목사가 시작할까? 제2장 제1문단 말이야."

룻기 2장 1~7절, "나오미의 남편 엘리멜렉의 친족으로 유력한 자가 있으니 그의 이름은 보아스더라 모압 여인 룻이 나오미에게 이르되 원하건대 내가 밭으로 가서 내가 누구에게 은혜를 입으면 그를 따라서 이삭을 줍겠나이다 하니 나오미가 그에게 이르되 내 딸아 갈지어다 하매 룻이 가서 베는 자를 따라 밭에서 이삭을 줍는데 우연히 엘리멜렉의 친족 보아스에게 속한 밭에 이르렀더라 마침 보아스가 베들레헴에서부터 와서 베는 자들에게 이르되 여호와께서 너희와 함께 하시기를 원하노라 하니 그들이 대답하되 여호와께서 당신에게 복 주시기를 원하나이다 하니라 보아스가 베는 자들을 거느린 사환에게 이르되 이는 누구의 소녀냐 하니 베는 자를 거느린 사환이 대답하여 이르되 이는 나오미와 함께 모압 지방에서 돌아온 모압 소녀인데 그의 말이 나로 베는 자를 따라 단 사이에서 이삭을 줍게 하소서 하였고 아침부터 와서는 잠시 집에서 쉰 외에 지금까지 계속하는 중이니이다"

"네. 제2장 제1문단은 보아스가 등장하는데요. 보아스는 엘리멜렉의 친족이면서 '유력한 자'라고 기록되고 있습니다. 보아스라는 이름의 뜻은 무엇인지, '유력'하다는 말이 무엇을 의미하고 있는지 히브리어 원어를 찾아보았습니다. 유력으로 번

역된 히브리어 '깁보르'는 강(력)한, 강(력)한 자, 용사 등을 의미합니다. 그리고 '어떻게 강한 능력자인가?'하면 히브리어 '하일'을 사용하는데, 그 뜻은 힘, 능력, 부, 재산, 군대이고, 영문 번역에서는 wealth(부)라고 번역되어 있습니다. 그러니 보아스 라는 사람은 베들레헴에서 부로나 영향력으로나 꽤 능력 있는 유지였다는 것을 짐작케 합니다. 또한 보아스라는 이름의 뜻은 '민첩'하다 '재빠르다'라는 뜻을 가지고 있어 이름에서도 그가 능력 있는 사람이라는 느낌을 받게 합니다. 하여튼 보아스의 등장은 룻의 인생에 매우 긍정적인 신호인 것 같습니다."

"이제 룻이 가난한 시어머니와 살면서 생활인으로서 할 수 있는 일을 찾는데, 마침 때가 보리 추수하는 시기이므로 보리 이삭을 주우러 나가는 것입니다. 이스라엘에서는 과부와 고아와 나그네를 위하여 이삭줍기를 허용할 뿐만 아니라, 오히려 이삭을 줍도록 남겨 두는 규례가 있었습니다. 이에 대한 배경과 관주 연구를 해 보면, 레위기 19장 9절에 이렇게 나옵니다."

> 레위기 19장 9~10절, "너희가 너희의 땅에서 곡식을 거둘 때에 너는 밭 모퉁이까지 다 거두지 말고 네 떨어진 이삭도 줍지 말며 네 포도원의 열매를 다 따지 말며 네 포도원에 떨어진 열매도 줍지 말고 가난한 사람과 거류민을 위하여 버려두라 나는 너희의 하나님 여호와이니라"

“따라서 아무 것도 없는 룻으로서는 부자 집의 큰 밭에 나아가 이삭줍기를 하는 것이 생존을 위하여 가장 쉽게 접근할 수 있는 일이었지요. 그런데 이 문단에서 가장 주목해야 하는 것은 룻이 이삭줍기 하러 간 밭이 우연이기는 하나, 바로 그 유력한 자이며 엘리멜렉의 친족인 보아스의 밭으로 나가게 되었다는 것입니다. 무언가 기대감을 일으키는 대목이 아니겠습니까? 이제 종합해 보면, 삶의 열정을 가지고 낯설지만 이삭줍기에 나서서 하루 종일 열심으로 이삭 줍는 룻이 보입니다. 친족이면서 유력한, 부유하고 힘 있는 보아스의 등장과 함께 룻이 찾아간 밭이 우연히 보아스의 밭이었다는 게 심상치 않습니다. 하나님을 선택한 이들에게 하나님의 손길이 함께하고 있는 것이 보입니다.”

“아하. 이 부분에서 매우 흥미 있는 메시지가 들려오는데요.”

“조 목사. 무슨 메시지가 들려오는데?”

“‘우연처럼 보이는 필연의 손길’이라고 표현할까? 이방인인 룻이 자기 민족과 자기 민족의 신을 떠나서 시어머니의 고향, 그리고 시어머니가 섬기는 여호와 하나님께로 돌아오자 하나님은 룻의 인생을 이끌기 시작하고 계신데요. 여기에서 유력한자 보아스에게로 인도하고 계시는 하나님의 손길을 보는 것입니다. 하나님께서는 당신의 날개 아래 피하여 온 룻의 인생을 책임지시고 그녀의 인생을 최고의 인생으로 이끄신다는 것입니다. 이것이 이 문단의 핵심 메시지가 아닐까요?"

"조 목사가 아주 잘 봤네 그려."

"그럼에도 불구하고, 기도하고 메시지를 받아 적용하며, 어떻게 설교해야 할지에 대해 묵상하라는 말씀은 이제 안 하십니까? 선배님."

"이미 그렇게 자네들이 말하고 있지 않나!"

"네. 일반적이고 보편적인 메시지를 깨달으면, 현장에 맞는 메시지로 전환하기 위해 기도를 해야 된다는 것은 이제 말하지 않아도 명심하겠습니다."

"고맙네. 잘들 명심하고 적용하고 있으니. 이제 다음 문단은 조 목사가 발표하게."

룻기 2장 8~16절, "보아스가 룻에게 이르되 내 딸아 들으라 이삭을 주우러 다른 밭으로 가지 말며 여기서 떠나지 말고 나의 소녀들과 함께 있으라 그들이 베는 밭을 보고 그들을 따르라 내가 그 소년들에게 명령하여 너를 건드리지 말라 하였느니라 목이 마르거든 그릇에 가서 소년들이 길어 온 것을 마실지니라 하는지라 룻이 엎드려 얼굴을 땅에 대고 절하며 그에게 이르되 나는 이방 여인이거늘 당신이 어찌하여 내게 은혜를 베푸시며 나를 돌보시나이까 하니 보아스가 그에게 대답하여 이르되 네 남편이 죽은 후로 네가 시어머니에게 행한 모든 것과 네 부모와 고국을 떠나 전에 알지 못하던 백성에게로 온 일이 내게 분명히 알려졌느니라 여호와께서 네가 행한 일에 보답하시기를 원하며 이스라엘의 하나님 여호와께서 그의 날개 아래에 보호를 받으러 온 네게 온전한 상 주시기를 원하노라 하는지라 룻이 이르되 내 주여 내가 당신께 은혜 입기를 원하나이다 나는 당신의 하녀 중의 하나와도 같지 못하오나 당신이 이 하녀를 위로하시고 마음을 기쁘게 하는 말씀을 하셨나이다 하니라 식사할 때에 보아스가 룻에게 이르되 이리로 와서 떡을 먹으며 네 떡 조각을 초에 찍으라 하므로 룻이 곡식 베는 자 곁에 앉으니 그가 볶은 곡식을 주매 룻이 배불리 먹고 남았더라 룻이 이삭을 주우러 일어날 때에 보아스가 자기 소년들에게 명령하여 이르되 그에게 곡식 단 사이에서 줍게 하고 책망하지 말며 또 그를 위하여 곡식 다발에서 조금씩 뽑아 버려서 그에게 줍게 하고 꾸짖지 말라 하니라

"네. 이 부분에서는 룻을 처음 대면한 보아스의 모습이 그려지는데요. 대단히 긍정적입니다. 우선 보아스가 룻을 환대하며 다른 밭으로 갈 것 없이 이 밭에서 계속 이삭을 주우라고 하고 자기 일군들에게도 룻을 선대하도록 조치하는 모습이 그려집니다. 이에 대하여 룻도 매우 고마워하며 자신을 선대하

맞아! 중요한 것은 하나님의 마음
하나님의 의도를 아는 것이 중요한거야!

는 보아스에게 감격하는 모습입니다."

"보아스는 룻의 착한 행실을 듣고 있었고, 그것을 가치 있게 여기고 있음을 고백합니다. 첫째, 보아스는 시어머니를 향한 룻의 효성의 지극함을 칭찬합니다. 둘째, 보아스는 여호와 하나님의 날개 아래 들어온 개종자 룻을 인정하고 축복합니다. 그리고는 음식을 같이 먹게 하구요. 자기 일군들에게 룻을 선대할 것을 부탁하고 오히려 이삭을 버려 주라고까지 적극적으로 선대합니다. 룻을 선대하는 보아스의 신앙과 인품도 좋아 보입니다. 이 부분은 그냥 이야기 나온 대로 이해하면 되고, 특별한 해석이 필요 없는 듯합니다. 하나님의 섭리 속에서 보아스와 룻이 대면하는 장면 그대로이지요."

"그렇네요. 매우 기대되는 만남이고, 해피엔딩이 예상되는 이야기인데요. 이 부분의 메시지는 무엇일까요?"

"임 목사는 설교할 것부터 생각하는 모양이네"

"아무래도 설교자의 관심은 '설교할 메시지가 무엇인가?'가 제일 관심사가 되더라고요. 물론 저 자신도 들어야 하고요. 성경말씀의 어떤 지식보다 하나님의 메시지가 가장 중요하니까요."

"맞아. 중요한 것은 하나님의 마음, 하나님의 의도를 아는 것이니까 '메시지가 무엇인가?' 하고 묵상하는 일은 반드시 필요하지. 어떤 메시지가 일단 객관적으로 깨달아지는가?"

"'선은 선으로 보상받는다.'라고 해야 할까요! 룻이 시어머니를 선대하므로써 끝까지 섬기고자 하여 고향을 떠나 왔고, 천하다거나 부끄럽다 할 것 없이 이삭을 종일 성실히 주웠는데, 이와 같은 룻의 선함은 보아스의 선대라는 보상을 충분히 받아 마땅하다는 메시지가 들리는 듯합니다."

"저는 다른 메시지도 들리는 것 같은데요."

"신 목사가 발견한 메시지는 무엇인데?"

"룻이 시어머니 나오미를 따라 온 것은 말할 것도 없이 불행하게 되어 고향으로 돌아가는 시어머니를 버릴 수 없다는 착한 마음에서 나온 것이 분명하지만, 룻이 나오미를 따라 고향을 떠나 이스라엘 땅 베들레헴으로 온다는 것은 단순한 선행 차원만이 아닌 개종, 즉 자기 민족의 신을 버리고 이스라엘의 여호와 신앙으로 개종하겠다는 결단이 포함된 것으로서 보아스도 그것을 인정하여 '여호와께서 그 날개 아래 보호를 받으러 온 네게 상 주시기를 원한다.'고 축복한 것 같이, 하나님의 날개 아래 피하는 자, 즉 '하나님께 자기 삶을 의탁하는 자를 위하여 예비하신 하나님의 은혜'를 보여 주는 것 같습니다."

"임 목사나 신 목사나 영안이 열린 것 같아. 둘 다 맞는 말이지요."

"그렇다면 이번 문단도 한 번에 설교해야 할지, 두 번에 걸쳐 설교해야 할지 고민이 생기겠는데요?"

"그래서 다시 하나님께 여쭈면서 기도하고 묵상하며 현재적 상황의 메시지를 받아야 하는 것이지."

"그 말씀이 또 나올 줄 알았어요."

"다 알면서 뭘 물어? 그럼, 자. 다음 문단은 신 목사가 나눌 차례인가?"

> 룻기 2장 17~23절, "룻이 밭에서 저녁까지 줍고 그 주운 것을 떠니 보리가 한 에바쯤 되는지라 그것을 가지고 성읍에 들어가서 시어머니에게 그 주운 것을 보이고 그가 배불리 먹고 남긴 것을 내어 시어머니에게 드리매 시어머니가 그에게 이르되 오늘 어디서 주웠느냐 어디서 일을 하였느냐 너를 돌본 자에게 복이 있기를 원하노라 하니 룻이 누구에게서 일했는지를 시어머니에게 알게 하여 이르되 오늘 일하게 한 사람의 이름은 보아스니이다 하는지라 나오미가 자기 며느리에게 이르되 그가 여호와로부터 복 받기를 원하노라 그가 살아 있는 자와 죽은 자에게 은혜 베풀기를 그치지 아니하도다 하고 나오미가 또 그에게 이르되 그 사람은 우리와 가까우니 우리 기업을 무를 자 중의 하나이니라 하니라 모압 여인 룻이 이르되 그가 내게 또 이르기를 내 추수를 다 마치기까지 너는 내 소년들에게 가까이 있으라 하더이다 하니 나오미가 며느리 룻에게 이르되 내 딸아 너는 그

의 소녀들과 함께 나가고 다른 밭에서 사람을 만나지 아니 하는 것이 좋으니라 하는지라 이에 룻이 보아스의 소녀들에게 가까이 있어서 보리 추수와 밀 추수를 마치기까지 이삭을 주우며 그의 시어머니와 함께 거주하니라

"이 부분의 해석도 특별한 것 없이 이야기대로 이해하면 될 것 같습니다. 룻이 주운 이삭이 한 에바 쯤 된다고 하였는데, 한 에바가 얼마큼 되는지 찾아보니 약 22리터, 우리 되로 12되박 쯤 된다고 하니, 시어머니와 한동안 먹을 수 있는 분량을 주운 것 같습니다. 시어머니 나오미도 보아스의 선대에 대하여 매우 고마워하며 축복의 말을 합니다. '그가 여호와로부터 복 받기를 원하노라 그가 살아 있는 자와 죽은 자에게 은혜 베풀기를 그치지 아니하도다.' 룻을 선대한 보아스에 대한 보고는 나오미를 감동시켰고, 또 기대감을 갖게 했습니다. 왜냐하면, 보아스는 마침 그들의 기업을 무를 자 중 하나였고 룻을 아내로 취할 수 있는 사람이었기 때문입니다."

레위기 25장 25절, "네 형제가 가난하게 되어 자기 소유 중에서 얼마를 팔았으면 그의 가까운 유업 무를 자가 와서 자기 형제가 판 것을 물러 주어야 한다."

"이스라엘에게 하나님이 주신 규례에 의하면 형제가 가난하여 토지를 팔았을 경우, 유업 무를 자, 즉 그의 형제가 와서 판 것을 물러 주어야 하는데, 보아스는 그 친족 중 하나였고 또 자녀 없이 죽은 형을 위하여 아우가 형수와 결혼하여 형의 후손을 잇게 해야 하는 것이 이스라엘에게 주신 규례 중 하나이기 때문이지요."

신명기 25장 5절, "형제가 함께 살다가 그들 가운데 하나가 아들 없이 죽었을 때에, 그 죽은 사람의 아내가 집안 밖의 다른 남자와 결혼해서는 안 된다. 그 여자의 남편의 형제가 그 여자에게 들어가서 그 여자를 자기 아내로 맞이하여, 남편의 형제 된 의무를 다해야 한다."

"그런데 보아스는 바로 기업을 무를 자 중 하나요. 룻을 아내로 삼아야 할 자 중 하나였던 것이지요. 이를 아는 나오미는 보아스가 룻을 선대했다는 것을 보고는 가슴 뛰는 기대감을 갖게 되었습니다. 이 사건은 결코 우연일 수 없는 하나님의 섭리이자 손길이 아닐 수 없었습니다. 그러한 기대감을 갖게 된 나오미는 룻이 다른 밭으로 가지 말고, 보아스의 밭에서만 이삭줍기를 하도록 권면합니다. 다른 사람을 만나지 말고 보아스에게 속하여 보아스만의 호의를 받도록 권고하고, 또 룻은 그렇게 순종하여 행합니다. 그런데 이 부분의 메시지는 무엇인지 잘 이해가 안되었습니다."

"저는 어렴풋하지만 두 가지 메시지를 봅니다."

"두 가지나? 조 목사 얼른 나누어 주어요."

"하나는 '축복은 축복을 부른다.'라고 할까요? 보아스가 룻을 축복하고 선대한 일에 대하여 나오미가 보아스를 축복하고 있습니다. 우리는 서로 축복하는 사람이 되어야 할 것 같습니다. 성경 말씀에 축복하는 자가 축복을 받을 것을 말씀하고 있는 구절이 많이 생각났습니다."

> 창세기 12장 3절, "너를 축복하는 자에게는 내가 복을 내리고 너를 저주하는 자에게는 내가 저주하리니 땅의 모든 족속이 너로 말미암아 복을 얻을 것이라 하신지라"

"사실, 누가 축복 받을 자일지 우리는 알지 못하므로, 축복을 하다보면 도리어 내가 축복을 받게 될 것이고"

> 잠언 11장 11절, "성읍은 정직한 자의 축복으로 인하여 진흥하고 악한 자의 입으로 말미암아 무너지느니라"

> 벧전 3장 9절, "악을 악으로, 욕을 욕으로 갚지 말고 도리어

복을 빌라 이를 위하여 너희가 부르심을 받았으니 이는 복을 이어받게 하려 하심이라"

"서로 축복하는 삶을 살라는 메시지가 들리구요. 다른 하나는 '오직 한 분만을 믿으라'하는 메시지도 들립니다. 룻이 보아스에게만 소망을 걸고 자신을 지키는 것을 봅니다. 다른 밭으로 가지 않고, 다른 남자를 만나지 않고, 기다리는 신앙의 모습을 보여 줍니다. 이는 우리의 예수님 신앙이 그러해야 할 것을 암시하는 것 같지 않습니까?"

"조 목사께서 묵상을 많이 한 것 같네. 훌륭해요. 다음 제3장 제1문단은 임목사가 나눌까?"

룻기 3장 1~5절, "룻의 시어머니 나오미가 그에게 이르되 내 딸아 내가 너를 위하여 안식할 곳을 구하여 너를 복되게 하여야 하지 않겠느냐 네가 함께 하던 하녀들을 둔 보아스는 우리의 친족이 아니냐 보라 그가 오늘 밤에 타작 마당에서 보리를 까불리라 그런즉 너는 목욕하고 기름을 바르고 의복을 입고 타작 마당에 내려가서 그 사람이 먹고 마시기를 다 하기까지는 그에게 보이지 말고 그가 누울 때에 너는 그가 눕는 곳을 알았다가 들어가서 그의 발치 이불을 들고 거기 누우라 그가 네 할 일을 네게 알게 하리라 하니 룻이

시어머니에게 이르되 어머니의 말씀대로 내가 다 행하리이
다 하니라"

"이 부분에서는 특별히 연구할 게 없는 것 같아요. 다만 상당히 적극적으로 구애 행동을 하도록 나오미가 룻을 코치하는 이야기 입니다. 이스라엘에서는 여인이 이토록 적극적인 프로포즈를 하는 것이 관례였는지 모르겠습니다."

"이 행동은 단순히 남녀 간의 프로포즈 행위가 아니고, 근족의 토지를 무르고 자식 없이 죽은 자의 아내를 자신의 아내로 삼아 형의 이름의 후손을 남겨 주어야 할 성경적 의무를 이행하도록 촉구하는 행위기 때문에, 단순한 연애 이야기로만 읽어서는 안 될 것 같아요. 그리고 여기서는 나오미의 며느리를 향한 간절한 사랑, 즉 그에게 안식을 누리게 해 주겠다는 열망을 보아야 하지요."

"이는 전적인 시어머니 나오미의 전략이고, 오직 룻의 장래가 안식을 누리게 되는 장래가 되기를 갈망하는 나오미의 적극적인 행동이라고 보아야 하겠지요. 그리고 룻이 나오미의 말에 그대로 따른 것은 시어머니에게 순종하기 위한 행위로서 이해되지요."

"신 목사 말대로 나도 그렇게 보기는 했는데, 그래도 전략적 행위가 상당히 과감하다는 생각이 들었던 것이지요. 신명기

25장 7절에 보면, 남편이 죽고 자손이 없는데 그 시동생 중에서 이 의무를 행하려 하지 않을 경우, 그 여인은 적극적으로 성문으로 나가서 시동생을 장로들에게 고발하도록 규정하는 것으로 보아서 여인의 적극적인 행동은 악으로 취급되지 않고, 오히려 미덕으로 취급되는 사회였던 것 같습니다."

신명기 25장 7절, "그러나 그 사람이 만일 그 형제의 아내 맞이하기를 즐겨하지 아니하면 그 형제의 아내는 그 성문으로 장로들에게로 나아가서 말하기를 내 남편의 형제가 그의 형제의 이름을 이스라엘 중에 잇기를 싫어하여 남편의 형제 된 의무를 내게 행하지 아니하나이다 할 것이요"

"나오미의 전략은 상당히 과감하고 극적인 전략인데, 여기서 중요한 것은 나오미의 룻을 위한 간절한 사랑의 마음이라는 것이겠습니다. '내 딸아'하고 부르는 말투로부터 '네게 안식을 얻게 해 주어야 하지 않겠느냐'라는 사랑의 동기에서 보아스에게 기업을 무르게 하고 결혼해야 할 의무를 행하라고 적극적으로 어필하자는 전략이었던 것이 중요한 포인트일 것 같습니다."

"그러면 메시지는 분명해 지네요. '간절한 사랑은 전략을 만들어 낸다.', '사랑은 적극적으로 샐행하라' 또는, 룻의 입장에서 행한 대로 '순종은 축복을 불러온다' 그러한 메시지가 들려오지 않나요?"

"훌륭해요. 자, 그러면 다음 문단은 조목사가 나눠볼까?"

"네, 제 차례가 맞아요!"

"맞든 안 맞든 하면 되지. 뭘 따져!"

"좋아요."

룻기 3장 6~14절, "그가 타작 마당으로 내려가서 시어머니의 명령대로 다 하니라 보아스가 먹고 마시고 마음이 즐거워 가서 곡식 단 더미의 끝에 눕는지라 룻이 가만히 가서 그의 발치 이불을 들고 거기 누웠더라 밤중에 그가 놀라 몸을 돌이켜 본즉 한 여인이 자기 발치에 누워 있는지라 이르되 네가 누구냐 하니 대답하되 나는 당신의 여종 룻이오니 당신의 옷자락을 펴 당신의 여종을 덮으소서 이는 당신이 기업을 무를 자가 됨이니이다 하니 그가 이르되 내 딸아 여호와께서 네게 복 주시기를 원하노라 네가 가난하건 부하건 젊은 자를 따르지 아니하였으니 네가 베푼 인애가 처음보다 나중이 더하도다 그리고 이제 내 딸아 두려워하지 말라 내가 네 말대로 네게 다 행하리라 네가 현숙한 여자인 줄을 나의 성읍 백성이 다 아느니라 참으로 나는 기업을 무를 자이나 기업 무를 자로서 나보다 더 가까운 사람이 있으니 이

밤에 여기서 머무르라 아침에 그가 기업 무를 자의 책임을 네게 이행하려 하면 좋으니 그가 그 기업 무를 자의 책임을 행할 것이니라 만일 그가 기업 무를 자의 책임을 네게 이행하기를 기뻐하지 아니하면 여호와께서 살아 계심을 두고 맹세하노니 내가 기업 무를 자의 책임을 네게 이행하리라 아침까지 누워 있을지니라 하는지라 룻이 새벽까지 그의 발치에 누웠다가 사람이 서로 알아보기 어려울 때에 일어났으니 보아스가 말하기를 여인이 타작 마당에 들어온 것을 사람이 알지 못하여야 할 것이라 하였음이라"

"이 부분에서도 해석의 어려움은 거의 없는 것 같습니다. 중요한 것은 룻이 시어머니 나오미가 시킨대로 순종하였다는 것이지요. 시어머니를 철저히 신뢰하고 순종하는 룻의 모습이 인상적입니다. 밤에 상대방 남자의 누운 곳 이불 속으로 들어가는 구애행동은 우리의 관점에서 보면 발칙해 보일 수 있습니다. 그러나 여기서 룻의 행동은 단순한 연애가 아니라 이스라엘의 규례를 따라 기업 무를 자에게 그 의무를 적극적으로 이행해 달라는 간청에 더 무게가 있다고 보아야 할 것이고, 지난번 문단에서 이미 언급한대로, 여인 쪽의 적극적인 행위를 권장하는 당시의 분위기로 이해해야 할 것 같습니다. '당신의 옷자락을 펴 당신의 여종을 덮으소서 이는 당신이 기업을 무를 자가 됨이니이다.'라고 한 것은 사랑하지 않는다면, 이런 행동을 취할 수도 없지만, 단순한 사랑이 아니라 보아스가 기업 무를 자이기 때문에 적극적으로 은혜를 베풀어 달라는 간청인 것이지요."

"이에 대하여 보아스도 대단히 긍정적으로 반응하니 대단한 섭리입니다. 보아스는 처음부터 계속하여 룻에게 감동을 받고 있었던 게 틀림없고 '처음보다 나중이 더하도다'라고 감동하는 것은 룻의 선행에 대한 이야기를 처음 들었을 때보다 이후로 실제 보고 확인하니, 훨씬 더 훌륭하다고 칭찬하는 것으로서 보아스가 룻을 아내로 취하는 것은 시간문제일 것으로 보이지요. 다만, 보아스 보다 더 가까운 친척이 있다는 것을 보아스가 알고 있었고, 그가 아니면 다음은 자기이므로 그에게 의사를 확인한 다음, 그가 아니라면 자기가 틀림없이 기업 무를 자의 책임을 하겠다고 다짐하는 것을 봅니다. 보아스가 룻을 사랑하는 감정은 분명한데 차분히 법적 절차를 취하여 나가려는 보아스의 책임적 행동이 아주 듬직하게 그려집니다."

"그렇다면, 이 부분에서의 메시지는 일단 룻의 순종을 토대로 하여 '순종의 아름다움'이라는 메시지가 들려올 듯 하구요. 보아스의 침착하고 예절 바른 행동에 근거하여 '옳은 일은 옳게 행하라'라는 메시지도 들릴 듯하지요."

"그래요. 깊이 기도하며 묵상하여 오늘에 들려주시는 하나님의 음성을 구하시기를! 그리고 다음 문단은 신 목사가 나누어 주세요."

룻기 3장 15~18절, "보아스가 이르되 네 겉옷을 가져다가 그것을 펴서 잡으라 하매 그것을 펴서 잡으니 보리를 여섯 번 되어 룻에게 지워 주고 성읍으로 들어가니라 룻이 시어머니에게 가니 그가 이르되 내 딸아 어떻게 되었느냐 하니 룻이 그 사람이 자기에게 행한 것을 다 알리고 이르되 그가 내게 이 보리를 여섯 번 되어 주며 이르기를 빈 손으로 네 시어머니에게 가지 말라 하더이다 하니라 이에 시어머니가 이르되 내 딸아 이 사건이 어떻게 될지 알기까지 앉아 있으라 그 사람이 오늘 이 일을 성취하기 전에는 쉬지 아니하리라 하니라"

"보아스는 날이 밝기 전에 룻을 보내면서 그의 겉옷을 펴게 하고, 보리를 여섯 번 되어 주고 가져 가게 했습니다. 이는 룻이 보고하고 있는 것과 같이 빈손으로 시어머니에게 가지 않게 하려는 목적이었지요. 룻이 빈손으로 가지 않게 했다는 것은, 첫째로 표면적으로는 구제요 배려일 것입니다. 저들은 가난하였기 때문에 이 양식은 나오미에게 반가운 양식이었겠지요. 그러나 둘째로 내면적으로는 나오미가 룻을 보냈음을 보아스도 눈치 채고 있을 것이므로 나오미에게 긍정적인 신호를 보낸 것이라고 봅니다. 그리고 이것은 정론이 될 수 있을지 모르지만, 이스라엘에서 숫자 6은 수고의 끝 숫자인데, 이는 나오미와 룻의 수고가 끝나가고 있음을 암시하는 신호로서 여섯 번 되어 보낸 것일 수도 있습니다. 여하튼 이 보아스의 행동은 매우 긍정적인 신호임에 틀림 없다고 하겠습니다. 또 생각할 수 있는 것은, 여인이 보리를 지고 가는 것이 자연스럽기 때문에 다른 오해를 일으키지 않게 하는 효과를 생각했는지도 모릅니다. 하여튼 보아스는 친절하면서도 덕스러우며, 세심한 배려를 보인 것입니다."

"이러한 보고를 받은 시어머니 나오미는 감을 잡고 있습니다. 긍정적인 신호를 읽었기 때문입니다. 그래서 룻에게 잠잠히 기다리라고 지시합니다. 보아스가 반드시 일을 성취하리라고 확신합니다. 그 일을 이루기까지 보아스는 쉬지 않으리라고 말합니다. 이 문단에서는 보아스의 긍정적, 적극적, 희망적 대답과 싸인이 돋보입니다. 메시지는 '밝아오는 여명'이라고 할까요?"

"신 목사, 아주 시적인데"

"그렇지 않아? 지금 하루 중, 여명에 이루어진 이야기가 있고, 또 인생의 밝은 미래가 열리려는 중이잖아. 이는 상징적으로 보아스에게서 룻의 인생이 열리듯이, 예수님에게서 우리의 인생이 열린다는 메시지를 볼 수 있는 것이지요."

"훌륭해요. 자, 다음문단은 임 목사가 나누지."

룻기 4장 1~12절, "보아스가 성문으로 올라가서 거기 앉아 있더니 마침 보아스가 말하던 기업 무를 자가 지나가는지라 보아스가 그에게 이르되 아무개여 이리로 와서 앉으라 하니 그가 와서 앉으매 보아스가 그 성읍 장로 열 명을 청하여 이르되 당신들은 여기 앉으라 하니 그들이 앉으매 보아스가 그 기업 무를 자에게 이르되 모압 지방에서 돌아온 나오미가 우리 형제 엘리멜렉의 소유지를 팔려 하므로 내가 여기 앉은 이들과 내 백성의 장로들 앞에서 그것을 사라고 네게 말하여 알게 하려 하였노라 만일 네가 무르려면 무르려니와 만일 네가 무르지 아니하려거든 내게 고하여 알게 하라 네 다음은 나요 그 외에는 무를 자가 없느니라 하니 그가 이르되 내가 무르리라 하는지라 보아스가 이르되 네가 나오미의 손에서 그 밭을 사는 날에 곧 죽은 자의 아내 모압 여인 룻에게서 사서 그 죽은 자의 기업을 그의 이름으로 세워야 할지니라 하니 그 기업 무를 자가 이르되 나는 내 기업에 손해가 있을까 하여 나를 위하여 무르지 못하노니 내가 무를 것을 네가 무르라 나는 무르지 못하겠노라 하는지라 옛적 이스라엘 중에는 모든 것을 무르거나 교환하는 일을 확정하기 위하여 사람이 그의 신을 벗어 그의 이웃에게 주더니 이것이 이스라엘 중에 증명하는 전례가 된지라 이에 그 기업 무를 자가 보아스에게 이르되 네가 너를 위하여 사라 하고 그의 신을 벗는지라 보아스가 장로들과 모든 백성에게 이르되 내가 엘리멜렉과 기룐과 말론에게 있던 모든 것을 나오미의 손에서 산 일에 너희가 오늘 증인이 되었고 또 말론의 아내 모압 여인 룻을 사서 나의 아내로 맞이하고 그 죽은 자의 기업을 그의 이름으로 세워 그의 이름이 그의 형제 중과 그 곳 성문에서 끊어지지 아니하게 함에 너희가 오늘 증인이 되었느니라 하니 성문에 있는 모든 백성과 장로들이 이르되 우리가 증인이 되나니 여호와께서 네 집에 들어가는 여인으로 이스라엘의 집을 세운 라헬과 레아 두 사람과 같게 하시고 네가 에브랏에서 유력하고 베들레헴에서 유명하게 하시기를 원하며 여호와께서 이 젊은 여자로 말미암아 네게 상속자를 주사 네 집이 다말이 유다에게 낳아준 베레스의 집과 같게 하시기를 원하노라 하니라

"보아스는 나오미의 재산을 무르고 이제 룻을 사서 아내를 삼을 법적 절차에 들어갑니다. 자기보다 더 가까운 친족이 있기에 그가 이 책임을 포기하면 보아스가 성취하려고 하는 것이지요. 그래서 당사자를 성문에서 만나고 장로들 열 명을 초

대하여 증인을 삼고, 기업 무를 친족에게 이 사실을 통고하고, 만약에 무르지 않는다면, 보아스 자신이 무르겠다고 말합니다. 처음에는 그 친족이 무르겠다고 말합니다. 그러자 보아스가 재차 토지를 살 뿐 아니라 룻과 결혼도 해야 한다고 확인합니다. 여길 보면 보아스가 룻과 결혼하고 싶은 마음을 숨길 수 없는 것 같습니다. 안 그러면 그 친족이 무른다고 하였을 때 오케이 하고 말았을 것인데 다시 한 번 확인하는 것을 보면 보아스의 마음을 알 수 있지요. 아니나 다를까? 그 친족은 재차 확인에 자신이 손해 볼까 봐 무르지 않겠다고 말하며, 보아스더러 무르라고 합니다. 그러면서 이스라엘의 규례를 따라 친족이 신을 벗어 줍니다. 그러자 나오미에게서 재산을 사고 룻을 아내 삼는 일에 증인이라고 장로들에게 확인합니다. 장로들은 확인하고 축복합니다. 여기서 기업 무르는 일은 이미 살펴본 것처럼, 레위기 25장 25절에서 '만일 너희 형제가 가난하여 그 기업 얼마를 팔았으면 그 근족이와서 동족의 판 것을 무를 것이요'라고 한 말씀에 근거한 것입니다."

"그리고 무른다는 말의 히브리어는 '가알'인데 이는 '되 사다', '속량하다', '구속하다', '근친의 역할을 행하다.' 그런 뜻입니다. 이 말은 여호와 하나님이 그 백성을 구속하는 일, 즉 구원하는 일에도 사용되는 단어입니다. 가알은 하나님께서 '구속자'로서 '구속하시는 행위'에 대해 사용되었습니다. 출애굽기 6장 6절에서 '나는 여호와라 내가 애굽 사람의 무거운 짐 밑에서 너희를 빼어 내며 편 팔과 큰 재앙으로 너희를 구속하여'라고 말씀 하시고, 이스라엘은 다음과 같이 고백합니다 '주께서 그 구속하신 백성을 은혜로 인도하시되'(출 15:13)라고 고백하며, 또 노래하기를 '하나님이 저희의 반석이시오, 지존하신 하나님이 저희 구속자이심을 기억하였도다'(시 78:35). 그래서 '가알'이라는 단어는 결국 하나님께서 우리를 구속하시는 행위를 나타내는데, 이 기업 무르는 제도를 하나님은 구속의 예표로 삼은 것 같고, 룻기에서는 보아스가 룻의 구속자가 되므로 예수께서 우리의 구속자 되심을 예표하는 진리를 보여줍니다."

"이 사건의 증인으로 서는 장로들의 확인과 축복의 언어도 주목할 만합니다. 룻이 보아스에게 와서 라헬과 레아 같이 이스라엘 집을 세운 것처럼 집을 세우게 되기를 축복하였고, 한편, 다말이 유다에게 낳아 준 베레스의 집과 같게 되기를 축복하고 있습니다. 라헬과 레아는 정통 유대인의 가문을 세운 여인들이며, 다말은 이방여자이지만 메시야 혈통을 이어준 여인입니다. 이방 여인 룻이 정통 이스라엘의 가문을 이어가면서 메시야의 혈통이 되기를 축복하였으니 보통 축복이 아닙니다. 구속사를 이어갈 축복의 언어들이 나온 것이 우연일까요. 이는 우선 보아스가 그 마을과 친척들 가운데 그만한 신뢰를 얻는 존재였음과, 룻이 비록 이방 출신이었지만 그의 개종과 효성과 선행으로 말미암아 그들에게 이미 받아들여진 것임을 볼 수 있습니다."

"'구속자를 만나는 축복'이란 메시지도 떠 오르구요. '믿음과 선행은 보상받는다.'라는 메시지도 생각납니다."

"좋아요. 이 본문으로 설교할 때는 다시 하나님 앞에 앉아서 여쭙고 메시지를 현재적으로 듣고 설교하기를 바라요."

"그 말씀은 왜 안 하시나 했지요!"

"이 사람아. 교육은 반복이고, 정말 이것은 백 번 강조해도 넘치지 않을 진리야."

"네. 알겠습니다. 선배님"

"다음은 다시 신 목사 차례인가?"

룻기 4장 13~17절, "이에 보아스가 룻을 맞이하여 아내로 삼고 그에게 들어갔더니 여호와께서 그에게 임신하게 하시므로 그가 아들을 낳은지라 여인들이 나오미에게 이르되 찬송할지로다 여호와께서 오늘 네게 기업 무를 자가 없게 하지 아니하셨도다 이 아이의 이름이 이스라엘 중에 유명하게 되기를 원하노라 이는 네 생명의 회복자이며 네 노년의 봉양자라 곧 너를 사랑하며 일곱 아들보다 귀한 네 며느리가 낳은 자로다 하니라 나오미가 아기를 받아 품에 품고 그의 양육자가 되니 그의 이웃 여인들이 그에게 이름을 지어 주되 나오미에게 아들이 태어났다 하여 그의 이름을 오벳이라 하였는데 그는 다윗의 아버지인 이새의 아버지였더라"

"보아스와 룻은 마침내 결혼했고, 아이를 낳게 되었습니다. 이 때 그 동리 여인들이 나오미를 보면서 나오미에게 기업 무를 자를 주시고 후손을 주신 하나님을 찬양했습니다. 그리고 아이가 유명하게 되기를 축복했습니다. 그리고 그를 '생명의 회복자'라고 불렀습니다. 나오미에게 그 아이가 원기를 회복시켜 주는 존재, 살맛나게 하는 존재일 것이기 때문이기도 할 것입니다. 동시에 '대를 이어갈 자'라는 뜻일 것입니다. '노년의 봉양자'라고도 축하했습니다. 당연히 노년에도 봉양자가 될 것입니다. 그런데 가장 인상적인 축하의 말이 있습니다 '너를 사랑하고 일곱 아들보다 나은' 며느리가 낳은 아기라는 것입니다. 주변 사람들이 룻을 일곱 아들보다 나은 며느리라고 칭하는 것을 보면, 룻이 얼마나 착하고 효성스러웠는지를 짐작해 볼 수 있는 객관적인 증거라고 할 수 있습니다. 그런데 재미있는 것은 이 동네 사람들이 아이의 이름을 '오벳'이라고 지어 주었다는 것이고, 부모도 조모도 다 그 이름을 그냥 사용하게 된 것입니다. 오벳이라는 말은 오베드(명남)는 '아바드'에서 유래했으며, '섬기는 자, 또는 예배자'를 의미합니다. 나오미에게 아들이 태어났다고 하여 오벳이라 불렀다고 했는데, 이는 오벳이 보아스와 룻에게서 태어났지만 말론의 이름으로 가문을 이어나가고 결국 나오미를 즐겁게 하는 존재임을 나타내며, 사람들이 태어난 아이가 조모를 포함한 부모를 잘 섬기고 하나님을 예배하는 경건한 인물이 되기를 축복하며 지어준 이름 같습니다."

"룻이 복의 근원이라고 생각되네요. 룻이 시어머니를 섬기는 효성으로 끝까지 따라왔고, 그가 복을 받아 보아스와 결혼하게 된 것은 그만의 축복이 아니라 나오미와 온 마을 사람들에게 기쁨이 되고 복이 되는 것을 봅니다. 이를 통해 우리 모두가 '복이 되는 인생'이 되어야 할 것이라는 메시지를 듣게 됩니다."

"훌륭하군! 자, 다음 마지막 문단은 조 목사가 나누지?"

> 룻기 4장 18~22절, "베레스의 계보는 이러하니라 베레스는 헤스론을 낳고 헤스론은 람을 낳았고 람은 암미나답을 낳았고 암미나답은 나손을 낳았고 나손은 살몬을 낳았고 살몬은 보아스를 낳았고 보아스는 오벳을 낳았고 오벳은 이새를 낳고 이새는 다윗을 낳았더라"

"마지막 문단은 베레스로부터 메시야 혈통인 다윗까지의 족보를 기록하고 있습니다. 그런데 다윗의 족보를 여기서는 베레스로부터 시작한다는 것이 특별합니다. 다윗의 족보를 아담부터 시작하거나 아브라함부터 시작하지 아니하고, 베레스로부터 시작하는 이유가 무엇일까? 하고 묵상하게 됩니다. 베레스가 누구입니까? 그는 유다의 아들인데, 유다가 다말에게서 낳은 쌍둥이 중, 형입니다(창 38:12-30). 그는 베레스 가문의 시조로(민 26:20-21), 유다 자손의 계보에 기록되었습니다(창 46:12). 그의 자손이 후대에 유명하게 되었습니다(대상 27:3). 그러나 유명했던 가문이라고 해서 베레스로 시작되었다고 하기엔 베레스 가문이 그렇게 뛰어난 가문도 아니었기 때문에 다른 의미가 있는 것은 아닌지 묵상하다 보니, 하나님의 구원 계획의 특별함을 발견하게 됩니다. 이는 유다가 다말에게서 낳은 베레스로부터 다윗까지의 족보를 말하고 있으며, 그가 다윗의 조상이 된 것을 강조하고 있는데, 그렇다면, 왜 베레스로부터인가? 베레스가 유력한 집안의 조상이기도 하지만, 그것보다는 베레스가 유다와 다말과의 부정한 관계에서 태어난 인물이라는 점을 오히려 강조한 것이 아닌가 싶습니다. 이는 이방인 다말이 유다의 부정한 관계에서 낳은 베레스와 이방 여인 룻에게서 낳은 오벳이 다윗, 나아가 예수님의 조상으로 편입된 것을 강조하여 보여줌으로써 하나님의 이방인에 대한 구원 계획을 암시하고, 이를 통해 구속자가 될 예수님의 죄인을 품는 사랑은 이미 예고된 것이었다는 것을 보여주는 것이 아닐까요? 그래서 결론적으로 룻기는 단순한 한 인생의 역전 드라마나, 한 인생의 사랑이야기, 또는 신데렐라와 같은 이야기가 아니라, 하나님의 사랑의 구원계획에 대한 계시라는 것을 보여 주는 것이지요."

"그러면, 그 메시지가 이 부분의 강력한 메시지가 되나 보네요. '이방인도 죄인도 품어 주시는 하나님의 구원계획'이네요."

"모두들 열심히 공부해 주어서 흐뭇하네. 이 보게 젊은 친구들, 설교가는 모름지기 꾸준히 하나님 말씀인 성경을 연구하고, 또 말씀을 묵상하는 사람들이 되어야 하네. 동시에 성경을 연구한 것을 발표하거나 해설하는 데서 그치면 안 된다네. 설교가는 성도들의 삶의 정황을 살피고, 묵상하고, 그들을 또한 느껴보아야 하네. 그러면서 오늘을 살고 있는 우리들, 성도들을 향하신 살아계신 하나님의 마음을 알아차리고, 그분의 메시지를 받아 전함으로써 회중이 하나님을 만나는 설교를 해야 한다네. 그리하면 교회 공동체가 살아나고 힘을 얻게 될 것일세!"